激論！

ナショナリズムと外交

ハト派はどこへ行ったか

東洋大学教授
元朝日新聞政治部長
薬師寺克行

講談社

激論！　ナショナリズムと外交

ハト派はどこへ行ったか

目次

ブックデザイン　鈴木成一デザイン室
本文設計　ＴＹＰＥＦＡＣＥ（二ノ宮匡）

激論！　ナショナリズムと外交

ハト派はどこへ行ったか

はじめに

国際協調主義で歴史の克服を

「吉田」対「反吉田」

冒頭からいきなり重苦しい文を引用するが一読頂きたい。

「国内の現状を見るに、祖国愛と自主独立の精神は失われ、政治は昏迷を続け、経済は自立になお遠く、民生は不安の域を脱せず、独立体制は未だ十分整わず、加えて独裁を目ざす階級闘争は益々熾烈となりつつある。／思うに、ここに至った一半の原因は、敗戦の初期の占領政策の過誤にある。占領下強調された民主主義、自由主義は新しい日本の指導理念として尊重し擁護すべきであるが、初期の占領政策の方向が、主としてわが国の弱体化に置かれていたため、憲法を始め教育制度その他の諸制度の改革に当り、不当に国家観念と愛国心を抑圧し、また国権を過度に分裂弱化させたものが少なくない」

これは一九五五年十一月に自由党と民主党が合併して誕生した自由民主党の結党大会で公表された「党の使命」と題する文章の一部である。左派・右派に分裂していた社会党の統一の動きなど左翼勢力の台頭に危機感を抱いた保守勢力が結集して作った政党だけに、彼らに対する警戒感と共に伝統的保守勢力の国家中心の思想が露わな内容となっている。

興味深いのは左翼批判と共に米国主導による占領期の統治政策を強く批判していることである。連合国軍最高司令官のマッカーサー主導で連合国総司令部（ＧＨＱ）が進めた占領政策の中核は、日本から軍国主義を一掃し民主主義を定着させることにあった。具体的には新憲法制定をはじめ農地解放や教育制度改革、経済財政政策の改革など数多くの新しい政策を実践していった。自民党は一連の「改革」について、戦前の軍国主義の否定を徹底するあまり、国民の間から国家観や愛国心まで奪ってしまったと否定的に捉えていたのである。

結党から約二ヵ月後に公表した「保守主義の政治哲学要綱」という文書では「極端な歴史と伝統の蔑視、国民自尊の精神の欠如も、斯かる軽薄な一面的思想傾向の現れであり、我々保守主義者の忍び得ざるところであった」と批判のトーンを強めていた。

だからと言って自民党内が「反米保守」一色であったわけではない。それどころか政治路線を巡って党内は大きく対立していた。その象徴が吉田茂と鳩山一郎である。占領期に長く首相を務めた吉田はマッカーサーとの間に信頼関係を作り、米国からの再三の再軍備の要請を拒絶すると共に戦争で破壊し尽くされた日本経済の再興を重視した「対米協調」「軽武装」路線を貫いた。吉田は自民党結党には参加しなかったが、吉田の指導を受けた多くの政治家がその後、中枢で活躍した。これに対し公職追放から解放され政界に復帰してきた鳩山一郎らは、占領政策に批判的で「対米自主」「再軍備」を主張していた。公職追放組には戦前からの政治家が多く、米国流民主主義に反発するのは自然の流れだった。

結党時の自民党は既に吉田が表舞台から去り鳩山が首相となっていたが人間関係は複雑で、総裁は置かずに鳩山のほかに、緒方竹虎、三木武夫、大野伴睦が代行委員に就任した。自民党は「内部の人的対立、路線対立、そして急速に成長する野党の社会党、という様々な壁に取り囲まれていた」(北岡伸一『自民党』六十四頁、読売新聞社、一九九五年)のである。つまり自民党は思想や路線が一枚岩の政党というわけではなく、国家像や対外政策などを巡って本質的に考え方の異なる勢力が、左翼勢力に対抗するために結集した政党だったのである。

吉田が打ち出した「経済重視・軽武装」「国際協調路線」を引き継ぐ勢力はやがて「ハト派」と呼ばれ、一方で鳩山らが強調していた「自主独立」「再軍備容認」路線と共に国家を前面に出す政策を強調する勢力が「タカ派」と呼ばれるようになっていったのである。

二つの勢力は対外政策や憲法改正問題などでしばしば激しく対立した。本書のインタビューで元衆院議長の河野洋平氏が語ったように、その一つが中国との国交正常化問題だった。ハト派は中華人民共和国との国交正常化を急ぎ、タカ派は蔣介石が率いる中華民国との国交維持にこだわった。国際社会は大陸中国の承認に流れていき、日本政府もその流れに抗することができず一九七二年に田中角栄首相が国交正常化を果たし、一九七八年に福田赳夫首相が日中平和友好条約を締結した。その過程で自民党内ではハト派とタカ派議員が激しい議論を繰り返し戦わしたのである。その詳細は河野氏のインタビューに譲るが、かつては党内で徒党を組むなど勢いのあったのがハト派の方だったというのは、興味深い話である。

歴史問題への対応

対中政策と共にハト派とタカ派が最も激しく対立したテーマの一つが、戦前の日本が行った朝鮮半島の植民地支配や中国大陸などへの侵略行為に関する「歴史認識問題」への対応である。

歴史問題についてまず経緯を簡単に振り返ってみる。

中韓両国との国交正常化が実現した一九七〇年代まで、歴史問題に関する日本国内の問題意識は希薄だった。中韓両国は国交正常化に当たって当然ながら日本側に謝罪を求めた。しかし、当時の日本政府関係者は謝罪要求をさほど深刻に受け止めていなかったようだ。日韓間で国交正常化に向けた交渉が始まって間もない一九五三年、日本側首席代表の外交官、久保田貫一郎は、賠償を求める韓国側に対して「日本としても朝鮮の鉄道や港を造ったり農地を造成したりしたし、大蔵省は当時、多い年で二千万円も持ち出していた。(韓国が賠償を求めるならこれらを返せと主張して韓国側の政治的請求権と相殺しようということになるのではないか」と応酬した。この発言が原因で日韓交渉は四年半も中断したのであるが、当時の外相、岡崎勝男は「全く間違ったことを言ったわけではないから、撤回する理由は一つもない」と発言している。

それから約四十年後の一九九五年、村山内閣の総務庁長官だった江藤隆美氏がオフレコではあったが記者団に「植民地時代に日本は悪いこともしたが、良いこともした」と発言して大臣辞任に追い込まれたことを思えば、日本側の認識は大きく変化したのである。

一九七〇年代まで日本政府や国民が謝罪を重く考えていなかったのは、両国に対し日本は戦争で負けたのではないという意識が強かったためだという分析がなされている（若宮啓文『戦後保守のアジア観』八十八頁、朝日選書、一九九五年）。日本は韓国に対して植民地支配をしたのであって戦争したわけではない。また、太平洋戦争で日本は米国に敗れたのであり中国に敗れたのではないという意識が強かった。そればかりか日本が欧米諸国相手に戦ったことが結果的にアジア諸国の独立につながったという都合のいい解釈もまかり通っていた。つまり当時の日本政府関係者や国民の間には「加害者意識」が決定的に欠けていたのである。「加害者意識」がなければ当然のことながら責任に対する意識も生まれてこない。中国、韓国との国交正常化は、真の意味での「和解」になりえない要素を最初から持っていたのである。その結果、時間を経ずして両国との間で歴史問題が再燃し繰り返し論争の的になっていったのである。

さっそく一九八〇年代に歴史問題が政治の表舞台で議論されることとなった。八二年と八六年に高校用の歴史教科書の近現代史部分の記述について中韓両国が「日本の立場が前面に出ている」などと批判する「歴史教科書問題」が起きた。八二年の場合、文部省や自民党文教族が中韓両国の要求に応じることに強く反発したが、官房長官の宮沢喜一が中心となって教科書検定の基準を見直すなど柔軟な対応を打ち出し決着させた。八六年は中曽根康弘首相自身が文部省に教科書の内容の一部を修正するよう指示して決着させた。この間、一九八五年には中曽根首相が靖国神社に公式参拝し、やはり中韓両国が強く批判して中曽根首相は翌八六年には参拝を取りやめている。

一九八〇年代の日本政府の対応に共通しているのは、中韓両国の要求を拒否するのではなく、柔軟な姿勢である程度受け入れたことだ。そうした対応は当時、多くの国民から支持されていた。もちろん自民党内には中韓両国に対して強硬な姿勢を取るべきだというタカ派もいたが、大きな声にはならなかった。高度経済成長を経て経済大国となった日本からすると中国や韓国はまだ成長過程にあり、ある種の余裕や寛容さを持って両国に向き合うことができた時代だったのである。

続く一九九〇年代は宮沢喜一、細川護熙、村山富市首相らハト派内閣が多く、日中、日韓関係は比較的平穏に推移した。宮沢内閣は韓国側の要請を受けて従軍慰安婦問題の解明に取り組み、退陣直前の一九九三年八月に旧日本軍などの関与を認める「河野談話」を発表した。続く細川首相は、韓国訪問時に「わが国の植民地支配によって、例えば朝鮮半島の人々が学校教育において母国語教育の機会を奪われたり、自分の姓名を日本式に改名させられたり、従軍慰安婦、徴用など、様々な形で耐え難い苦しみと悲しみを経験されたことについて、加害者として心から反省し、深く陳謝したい」と創氏改名をはじめとする日本の植民地政策に極めて具体的に言及したうえで謝罪し、韓国から高く評価された。

さらに、村山首相は一九九五年八月、アジア諸国に対する侵略や植民地支配を謝罪する「戦後五十年の首相談話」を閣議決定して公表した。「わが国は、遠くない過去の一時期、国策を誤り、戦争への道を歩んで国民を存亡の危機に陥れ、植民地支配と侵略によって、多くの国々、とりわけアジア諸国の人々に対して多大の損害と苦痛を与えました」と歴史的事実に触れて謝罪した内容は、以後の歴代首相が継承している。そして村山に続く橋本龍太郎、小渕恵三首相も近隣諸国との良好な外交関係維持を重視し、日中韓三ヵ国の首脳による会談を始めるなど、積極的な外交を展開した。歴史問題が外交カードになることを抑止するための努力が積み重ねられた十年と言っていいだろう。

ところがハト派政権の打ち出す歴史問題への対応が政界全体ですんなりと受け入れられたわけではない。既に紹介した江藤隆美氏をはじめ一部の閣僚や党幹部らが、内閣の方針に疑問を呈し記者会見などで戦前の歴史を正当化する発言をして閣僚辞任に追い込まれるということを繰り返した。政権中枢のハト派路線に対するタカ派の抵抗だった。国内的には閣僚辞任などで決着したが、タカ派議員の発言は中韓両国内でも大きく報じられ、それが「河野談話」や「村山談話」など日本政府の方針に対する信頼性を傷つけ中韓両国との安定的な外交関係を揺るがす火種となっていたのである。

二〇〇〇年代に入ると日本側の対応は大きく変化した。二〇〇一年に三度目の歴史教科書問題が起きた。内容の修正などを求める中韓両国からの批判に対し当時の森喜朗内閣は「教科書検定は内政問題である」として応じなかった。続く小泉純一郎首相は在任中、年に一回の靖国神社参拝を続け中韓両国の批判を浴び続けた。以後、政権は一時的に自民党から民主党に変わったが、日中、日韓関係は歴史問題に加え尖閣諸島や竹島という領土問題も加わって悪化の一途をたどった。

背景には軍事力の近代化を進め東シナ海での活動を活発にするなど日本を挑発するような動きを見せる中国、あるいは竹島問題で過剰なまでの対日批判を展開し始めた韓国と、中韓両国の対日政策の変化もあった。一方、日本側も尖閣諸島の国有化、「河野談話」に対する見直しの動き、さらには中国軍の活発な活動などに対応するための集団的自衛権に関する憲法解釈の見直しの動きなど、タカ派勢力を中心とする「対外強硬論」が力を持ち、具体的な政策に次々と反映されるようになってきたのである。つまり中韓両国の動きが日本国内のタカ派の動きを活性化させた面も否定できないのである。一方のハト派の動きは鈍く、沈黙状態に近いのである。

この時代のもう一つの特徴として、従軍慰安婦問題や日中、日韓間の領土問題が、中国や韓国が展開した世界各国における宣伝戦の効果もあって、二国間の問題から欧米諸国を巻き込むグローバルな問題へと広がったことを指摘できる。中韓両国の首脳は連携でもしているかのように世界各国で「歴史問題について反省しない日本の対応は戦後国際秩序への挑戦である」など対日批判を展開した。これに対し日本の一部国会議員らが「従軍慰安婦問題で日本の対応に強制性はなかった」などと筋違いの反論を展開したことが逆に女性の人権をないがしろにするものであるとして国際社会から問題視されるようになった。

以上、戦後約七十年間、日本はほぼ一貫して歴史問題を未解決のまま抱え、その対応は寛大なものから次第に自己中心的な狭隘なものへと変化してきた。その結果、中韓両国との関係はますます不安定さと緊張を増しているのである。

タカ派が勢いづく時代

歴史問題に対する日本政府や国民の対応の変化は、バブル経済崩壊後の経済成長の低迷など国の勢いが失われてきたことの裏返しでもある。経済成長を謳歌していた一九八〇年代まで、日本は中国や韓国に対して謝罪の意識こそ薄弱だったものの、賠償に代わる経済協力などの資金提供には柔軟であり、また歴史教科書の内容に注文がつけられればある程度要求を受け入れるだけの余裕があった。しかし日本経済のバブルが崩壊し低迷が続く一方で、中韓両国の発展が著しくなってきた二〇〇〇年代に入ると、一転して歴史問題については自己正当化に走る「防衛的なナショナリズム」が前面に出るようになってきた。

問題はこうした国民の空気に政治が連動していることである。冒頭紹介したように自民党には路線を巡って元々、二つの大きな流れがあった。党内派閥的に色分けすると、吉田茂の掲げた国際協調路線を引き継いだのは党内ハト派の「宏池会」であり、現実主義的政策を重視した「田中派」の路線もそれに近かった。これに対して鳩山一郎らの自主独立路線を引き継いだのが岸信介の流れをくむ「清和会」だった。

一九八〇年代以降、自民党内で最も力を持っていたのは「田中派」とその後を継いだ「竹下派」だった。そしてハト派集団の代表格だった「宏池会」は田中派に近い存在だった。そして一九八七年に誕生した竹下内閣以後、一九九〇年代の自民党出身の首相は竹下派か宏池会、あるいは竹下派の影響力下にあった政治家で占められていた。

しかし、一九九〇年代になって「竹下派」「宏池会」は共に党内権力闘争に敗れるなどして分裂を繰り返し次第に弱体化していった。その一方で巧みに生き残り、「竹下派」に代わって党内最大派閥に成長したのが「清和会」だった。二〇〇〇年に「清和会」出身者として福田赳夫以来二十四年ぶりに森喜朗が首相に就任すると、以後、小泉、安倍晋三、福田康夫と清和会出身の首相が続いたのである。

田中派―竹下派の政治の特徴は、「富の再配分」による権力維持だった。経済成長によって新たに生み出される税収を原資として、予算を通じて国民に富を再配分することで自民党の長期単独政権を実現してきた。ところがバブル経済崩壊後の経済の低迷によってこの手法の維持が困難となった。積極的な財政出動によって国民の支持をつなぐことができなくなった代わりに登場したのがタカ派的思想やイデオロギーを前面に出す政策である。つまり自民党は国民の支持を得る手段として「富の再配分」が難しくなると、先祖がえりして「保守思想」あるいは「タカ派路線」を活用し始めたのである。

歴史問題について繰り返し謝罪を求める中国や韓国に対しては強硬な姿勢を打ち出し、安全保障政策の面では、台頭する中国に対抗するため集団的自衛権についての憲法解釈や武器輸出三原則の見直しなどを進める。一方で自民党は結党以来の懸案である憲法改正を実現するため党独自の改正案を作成した。愛国心などを強調する教育制度改革も行った。党内タカ派勢力が主導するこうした政策は、「防衛的ナショナリズム」の空気が強まった国民の間で一定の支持を得るようになった。冒頭に紹介した結党時の文書「党の使命」がよみがえったのである。

それと共に歴史問題は完全に政治化してしまった。自民党内からは「河野談話」や「村山談話」の見直しを求める声が強まり、歴史を客観的に冷静に議論する空気は消えていった。同時に歴史問題は右派系メディアを中心に「商品化」され、「反中」「反韓」がもてはやされるようになってきたのである。

こうした状況の中でかつて勢いのよかった自民党内の「ハト派」の姿はほとんど見ることができない。二〇一四年になって安倍首相が打ち出した集団的自衛権に関する憲法解釈の見直しに対し、最も強く難色を示したのは連立相手の公明党であり、自民党内からはほとんど異論が出なかった。公明党の主張は本書収録の山口那津男代表のインタビューに集約されているとおり論理的で筋が通っているが、自民党内に連動する動きはない。自民党はタカ派主導のモノトーンな政党に変質したかのようである。

和解への道

自らの権益を守ることを理由に中国大陸を侵略し、さらにアジアの広範な地域に軍を展開して、最終的に欧米諸国と戦火を交え敗北した日本は、極東国際軍事裁判（東京裁判）の判決を受諾し、多くの関係国との間でサンフランシスコ平和条約を結んだことで国際社会に復帰した。サンフランシスコ平和条約は戦争相手国との「和解」の象徴でもある。そしてこの条約に加わらなかった韓国や中国とは個別に交渉し、韓国とは一九六五年に日韓基本条約を、中国とは一九七八年に日中平和友好条約を締結した。

中韓両国とは形の上での和解はここで成立したが、それによって二国間の友好が保証されるものではなく、各国の不断の努力なくして和解を持続することは難しい。残念ながら日中、日韓の関係は著しく安定性を欠き、戦争責任、加害責任、謝罪、賠償などの問題が収まるどころか年々激しさを増している。

日本国内の政治を見るとハト派とタカ派が向き合って中韓両国との外交関係、歴史問題に対処するという状況は過去のものとなり、タカ派がほぼ全面的に力を得てしまった。本文中で自民党の石破茂幹事長が指摘するように、政界ではもはや「ハト派」「タカ派」という言葉さえほとんど聞かれなくなっている。

さらに経済低迷や急速な少子高齢化問題に直面し、国の将来に明るい展望が開けない空気が広がったこと、冷戦崩壊後のグローバリゼーションの広がりで国際社会の共通のルールの受け入れが求められ、既存の秩序が破壊されるのではないかという不安感などが相まって、日本国民の間には「防衛的ナショナリズム」が強まっている。

閉塞的で内向きの社会の空気と、タカ派が力を増した政治の世界が結合したとき、数十年かけて築き上げてきた近隣諸国との和解の空間、さらには国際協調主義を重視してきた日本の外交空間が、不安定さを増していくことは間違いないだろう。安定的な友好関係を維持するためにはガラス細工のような弱さを持つ「和解」を双方が本気で維持しようという気持ちを持たなければならない。そのためには冷静かつ客観的に歴史の事実に向き合う勇気が必要である。

「歴史問題の再燃」は近年、欧州でも見られる。アフリカやアジアなどで多くの国を植民地支配してきた英国やフランスはそれらの国に対して公式に謝罪をしたことはない。それは英仏両国が植民地国との間の戦争で敗れたわけでなく、民族自立運動の中で独立を認めてきたという経緯があるためであろう。ところが近年、新たな動きが出ている。

英国植民地だったケニアでは、一九五〇年代の独立運動で英国から拷問などの迫害を受けた被害者らが英国の裁判所に賠償を求める訴訟を提起し、英高等法院の判決で認められた。判決を受けて英国政府は二〇一三年、被害者に補償金を支払った。またアルジェリアの植民地支配という歴史を抱えるフランスでは二〇〇五年に「北アフリカでフランスの存在が果たした肯定的な役割」を学校教育で教えるよう定めた法律が成立し、アルジェリアから激しく非難を受けた。

歴史問題に加え領土問題を抱える日中、日韓関係は二〇一五年に日韓基本条約締結五十年、戦後七十年、大隈内閣による対華二十一ヵ条要求から百年という節目を迎え、やはり歴史問題が再燃する可能性を秘めている。

武力によらず外交によって国家間の問題を解決していく。それが人類の生み出した知恵である。そのためにはお互いの妥協や譲歩は不可欠である。威勢のいい自己中心的な姿勢は外交の世界においては創造的な結果を生み出すことができない。自己の正義の実現だけを追求する狭隘なナショナリズムが結果的に自らを滅ぼしてきた歴史は数多くある。グローバルな時代だからこそ、国際協調主義の重要性が増してくる。では日本は果たしてその方向に向かっているのか。そういう問題意識を私は「ハト派はどこへ行ったか」という言葉に込めて、本書を企画した。

協力頂いた政治家、学者の皆さんは多忙な中、長時間を割いて下さり率直にお話し頂いた。慶応大学の細谷雄一教授には、欧州の歴史や現状などを踏まえたより幅広い視点から「和解」について考察して頂いた。外交の現場の経験のある玄葉光一郎元外相、川口順子元外相、元外交官の岡本行夫氏には、現実の外交が直面している問題を語って頂いた。自民党内でハト派の代表的政治家として知られる元衆院議長の河野洋平氏と谷垣禎一法相には、ハト派の歴史と現状を伺った。そして、自民党幹事長の石破茂氏は党内のタカ派的空気の拡大について、また自公連立政権の担い手の一人である公明党の山口那津男代表には、憲法改正や集団的自衛権問題など自民党が打ち出す政策についての考えを伺った。最後にタカ派、右派の論客として知られる衆院議員の平沼赳夫氏には、歴史問題や天皇制などについてのタカ派の論理を伺った。

外交問題は相手のあることであり、日本だけで決着できるものではない。協力頂いた多くの方が中国や韓国政府の対応に疑問を抱きつつも、翻って日本の対応にも改めるべき点があり、国民がより冷静に思考すべきであると主張している。こうした多角的な意見や指摘が、これからの国内の議論の一助になれば幸いである。

第一章

ハト派はどこへ行ったか

細谷雄一

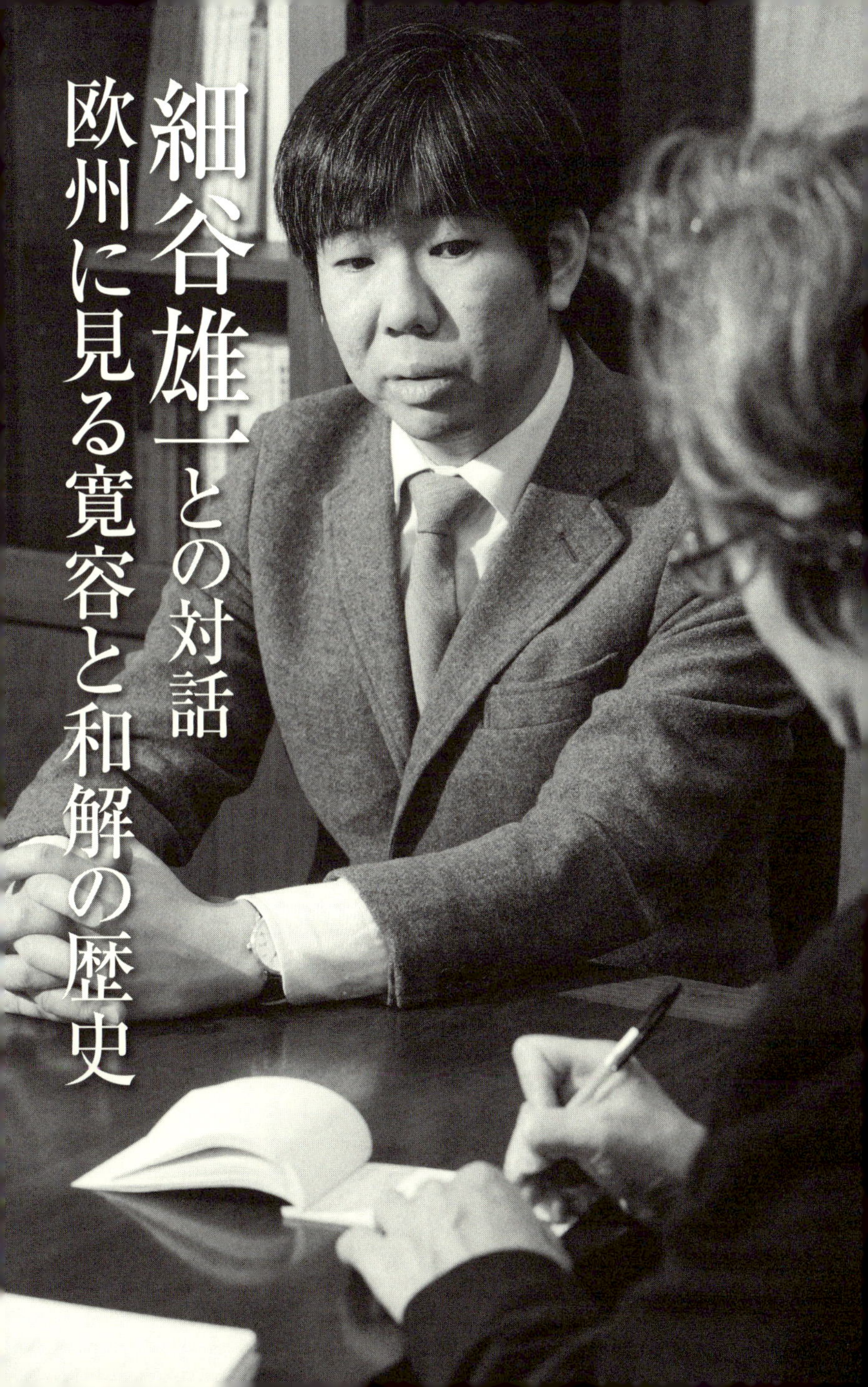

細谷雄一との対話
欧州に見る寛容と和解の歴史

細谷雄一（ほそや・ゆういち）

慶應義塾大学教授

一九七一年、千葉県生まれ。一九九四年、立教大学法学部卒業。バーミンガム大学大学院修士課程、慶應義塾大学大学院博士課程修了後、二〇〇〇年より北海道大学法学部専任講師。敬愛大学国際学部専任講師、慶應義塾大学法学部専任講師、同助教授、パリ政治学院客員教授などを経て、現職。二〇〇二年、『戦後国際秩序とイギリス外交　戦後ヨーロッパの形成1945年～1951年』（創文社）でサントリー学芸賞を、二〇一〇年、『倫理的な戦争　トニー・ブレアの栄光と挫折』（慶應義塾大学出版会）で読売・吉野作造賞を受賞。

――ここ数年、日本による侵略や植民地支配などの歴史問題が近隣諸国との間で大きな外交問題となっています。同様の国家的行為は英仏独など欧州の主要国も過去に世界的規模で行っています。十五世紀の大航海時代に始まり、南米や北アメリカ、アフリカ、そして中東、アジアと世界各地に進出し長期間、植民地支配を続けています。欧州各国はこうした問題にどのように対応してきたのでしょうか。

細谷　私の専門は国際政治なので一般的な話から申し上げると、基本的に正義というのは力と不可分なものであり両者は一体となっています。私の好きな言葉にフランスの哲学者パスカルの「力なき正義は無能であり、正義なき力は圧制である。なぜならば、つねに悪人は絶えないから正義なき力は弾劾される。それゆえ正義と力を結合せねばならない」（『パンセ』より）というのがあります。正義という価値観は常に力と連動しているという意味です。

欧州の場合は大国の興亡が頻繁に起きて力の中心が移り、力関係の変化がそのまま正義の変化になったのです。そうした大きな流れの中で正義の相対化が行われてきました。強いドイツが正義を掲げるとドイツの正義に従わなくちゃいけないし、フランスが正義を掲げたときはフランスの正義に従わなければならないのです。

十九世紀初めのナポレオン戦争なんかはその典型例であって、ナポレオンが圧倒的な力をつけたために「ナポレオンの正義」がヨーロッパに広がった。他の王侯貴族はたとえオーストリア外相のメッテルニヒであろうがプロイセン国王フリードリヒ・ヴィルヘルム３世であろうが、嫌であってもナポレオンの正義を受け入れざるを得なかった。ところがナポレオンが戦争で負けた途端にナポレオンは悪となり、新しい王侯たちが正義を語るようになった。米国の国際政治学者、キッシンジャーはこの新しい正義を「正統性の原理（legitimacy）」という言葉を使って説明しています。つまりは力と共にlegitimacyは移っていき、legitimacyが歴史観や正義感というものを裏付ける背景になっているということです。

ヨーロッパと日本の最大の違いは、正義というものは相対的なものであり多元的なものであり、時代と共に移り変わっていくものである、あるいは特定の国の正義というものは決して絶対的ではない、ということを理解しているかどうかということです。

そして「勢力均衡（balance of power）」が欧州の歴史の伝統であるとしたら、それは単にパワーのバランスだけではなくて正義のバランスでもあるわけです。そして正義をどうやって均衡させるかと言えば、それは技術的なものもありますが、より重要なものは「寛容の精神」ですね。

われわれ日本人は権力感覚や国際感覚が乏しく正義感や歴史観がとてもナイーブなことが多いので、正義の相対性は理解しにくいかもしれませんね。戦争に負けたときに特定の正義がすべてを覆い尽くすということはないのです。それは時代が変わればまた逆のことが起きるからです。つまり復讐ですね。復讐というものは力を巡る復讐だけじゃなくて正義を巡る復讐でもあり、また歴史を巡る復讐というものでもあります。そして復讐が続くと秩序が不安定になり新たな戦争の原因にもなりうる。そこでいかにして復讐というものを抑制して寛容の精神を浸透させるかを欧州各国は考えてきたのです。

しばしば第二次世界大戦後にドイツが謝罪したことが語られます。しかし、この問題は謝罪したドイツが素晴らしいというような単純な話ではないのです。欧州の長い歴史の中で復讐が繰り返され、復讐が戦争の原因になってきた。その結果、戦争を防ぐためにも寛容の精神が不可欠であるということが理解されてきたのです。だからドイツの謝罪、反省というところだけでなく欧州全体に目を向けて、ドイツの謝罪と同時にイギリスやフランスなどに見られる寛容の精神というものが一つのパッケージとなっていることを見落としてはいけないのです。戦争を繰り返してきた欧州の歴史の中で、正義は常に揺れ動き、復讐が戦争の原因となってきた。そこで戦争を防ぐことと復讐心の炎を抑制することのために、謝罪と寛容のパッケージが生み出されたのです。この原理がアジアには欠落しています。

――「寛容の精神」というのをもう少しわかりやすく話して下さい。

細谷　寛容の精神の逆の最たる例が一六一八年に起こり一六四八年に終結した「三十年戦争」ですね。オーストリアの属領だったベーメン（ボヘミア）の新教徒がハプスブルク家によるカトリック信仰の強制に反抗して起きた宗教戦争です。つまりプロテスタントとカトリックがお互いに絶対的な正義を掲げて相手を絶対的な悪と見なした。正義と悪魔の戦いとなってしまえば、悪魔を全員殺すという結論しかないんです。それで三十年間、殺し合い続けた結果、最後に有名なウェストファリア会議にたどりついた。ところが二つの勢力はやっぱり顔を合わせることすらもままならないということで、会議はドイツのミュンスターとオスナブリュックという二つの町に分かれて行われ、カトリックとプロテスタントは顔を合わせないまま、別の町で条約に調印したんです。

欧州のリベラリズムはこういった三十年戦争の経験から生まれてきた面を持っています。つまりお互いが全滅するまで殺し続けることがいかに政治を不安定化させるかがわかり、三十年戦争のさなかに「国際法の父」と呼ばれるオランダのグロティウスが『戦争と平和の法』を書いた。グロティウスが欧州のリベラリズムと寛容の精神の大きな起源となっていて、その後にイギリスのロックをはじめリベラリズムの伝統が発展してきました。

そこでいう「寛容の精神」ですが、それは異質なもの、他者、異質な正義を受け入れるということです。つまり自己とは違う他者がいて、他者は自己とは違う正義を掲げている。だから自己とは違った正義を掲げる他者を受け入れること、敵を殲滅させるのではなくて敵の原理や正義を受け入れることが政治の安定には必要であるということです。こうした考え方がイギリス議会政治の根本にあるのです。

この考え方が受け入れられていないために、例えば現在のアフリカの多くの国では議会政治が定着しないのです。つまり三十年戦争のときの欧州のように、自らが絶対的な正義であり相手は絶対的な悪と考えているから、平和的な政権交代はありえないわけです。同じことはある程度アジアにも言えて、欧州に見られるような寛容の精神がまだ根付いてない。そうなると相手の正義を全否定し自らの正義を全肯定しようとする。この「全否定」と「全肯定」が今のアジアやアフリカには非常に強い。ある程度乗り越えつつあるのはASEAN諸国ですね。ASEANというのはそもそも、狭い地域の中で各国が多くの戦争を繰り返し、その結果、次第に多様な価値を認めようということで始まったのですから、そういう方向になるのでしょう。

――欧州では主権国家が長年、戦争を繰り返してきた結果、正義の相対化や戦争抑制のための寛容の精神を身に着けてきたわけですね。それは欧州という世界の中の話ですね。大航海時代や産業革命を経て欧州各国は地平線の遥か向こうに植民地を得て、新たな支配・被支配の関係を作り帝国主義時代に入っていきました。日本の植民地支配や侵略行為も欧州の帝国主義の流れに合わせる形で生まれてきました。欧州は正義の相対化や寛容の精神を持っていたというお話ですが、アジアやアフリカに対しても、自分たちとは異なる文化や宗教、価値観に対しても寛容さを持って植民地支配をしたのですか。

細谷　違いますよね。それがもう一つの難しい問題です。これは冒頭のパスカルの言う正義と力の関係につながります。欧州諸国と被植民地のアジア・アフリカ諸国との関係は、欧州側が圧倒的な力を持っていて、アフリカとアジアの諸国は圧倒的な弱者だった。強い者が正しいわけですから、欧州植民地帝国が正義を掲げ、弱者は正義を失うわけです。

植民地支配の問題はこれまで基本的にはマルクス＝レーニン主義の視座から、経済的な搾取の問題として語られてきました。これでは植民地化された国の正義が奪われているという視点が完全に欠落します。

被植民地の国々は経済的利益だけではなく正義も奪われたのです。アフリカ諸国に対する植民地支配はその代表ですが、後れているアフリカを進んだヨーロッパが文明化するという正義、それが白人の責務だというように語られた。野蛮で後れた未開の植民地を欧州が文明化するのだという正義に光が当てられた。極めて一方的な歴史観が語られてきたわけです。

そして今、世界で何が起きているかというと、これまで掲げられてきた正義の衰退です。インドや中国のような新興国が台頭しています。そうすると従来の力が衰退し、同時に正義も衰退するわけです。日本の力は、失われた二十年で衰退した。日本は過去二十年間に経済力を失っただけではなく、同時に日本がそれまで掲げてきた歴史的な正義も失いつつある。

これは二層構造の問題です。日本は米国に対しては東京裁判やサンフランシスコ体制で正義を失い、米国の正義が浸透した。一方で日本が支配したアジア諸国、特に中国や韓国との関係で言えば、これまでは日本が豊かで強かったために日本の正義が全否定されるような環境は生まれてこなかった。ところが日本の力が衰退したことで、同時にその正義も失われつつある。

それはイギリスについても言えることです。インドや中国が経済発展している中で、イギリスが掲げてきたアジアやアフリカの旧植民地に対する正義を失いつつある。これは何を意味するかというと、歴史の復讐が行われるということです。欧州各国間では既に歴史の復讐はある程度終結した。既に述べたように価値の多元性であるとか正義の多元性が認められ、寛容の精神によって相対主義的に正義が語られるようになった。

つまりイギリスなど欧州各国と旧植民地側の関係で言えば、今に至るまでこの価値観が根本から崩れることはなかった。これはイギリスやフランスが大国であるということと共に、イギリスやフランスが第一次世界大戦、第二次世界大戦で最終的に勝利を収めたため、根底的に否定されることはなかったためです。

ところが新興国が台頭し逆に欧米先進国や日本が相対的に衰退し、グローバルなバランス・オブ・パワーが大きく変容していくと、かつての帝国の側の論理や歴史的な正義が大きく衰え、同時にインドや中国などかつての植民地の国々が歴史的に復讐をする。これがこれからの時代の大きな流れになってくると思うんです。

――確かにこれまではイギリスもフランスも旧植民地国からの謝罪要求を拒否してきました。英仏の国王や大統領が旧植民地を訪問しても公式の謝罪をしていないです。つまり英仏両国は植民地支配を正当化する論理を二〇〇〇年代に入っても維持しようとしてきたわけです。植民地支配が終わってからも長く、その理屈を通用させてきたのは圧倒的な国力の差ということだけに帰結させていいんですか。

細谷　簡単に言えば圧倒的な力と同時に、戦争の勝敗によって正義は移るのです。例えば中国やインドやアフリカ諸国がイギリスやフランスに対して戦争で圧倒的な勝利を収めれば、そこで大きく正義が転換するのです。戦争の結果次第で、それまでの弱者の側が正義を獲得し、強者の側が正義を失うわけですよね。ところがイギリスやフランスは植民地との関係で、正義を失うような敗北をほとんど経験してない。欧州各国は植民地諸国から撤退をしたとしても、ロンドンやパリが占領されるような経験はしてない。アメリカに占領された日本とはそこが違うのです。

欧州の中で正義を失うような経験をした国はどこかと言えば、それがドイツなんです。ドイツは第一次世界大戦、第二次世界大戦と二度も戦争で敗北し正義を失う経験をした。それは決定的な違いであり、ドイツは自らの正義を主張できない。イギリスにもフランスにもドイツにも、それぞれの国にはナショナル・ヒストリーがあるのですが、敗戦を経験してない国のナショナル・ヒストリーは基本的に歴史観が根底から変わることがあまりないわけです。

ただし国内レベルでの歴史観の転換は起こります。例えばフランス革命で歴史観が転換しました。日本でも明治維新によってそれ以前の歴史観が大きく転換しました。しかし、他国との関係において根本から歴史観が転換するということは、イギリスやフランスやアメリカのように敗戦を経験していない国ではほとんど起きないのです。逆に言うと歴史的な価値観が転換する契機が生まれるのは、敗北を経験するときなのです。

一九四二年のシンガポール陥落でイギリス軍が日本軍に対して降伏しました。一九五六年のスエズ戦争でイギリスとフランスは敗北しました。一九五八年にはアルジェリア戦争でドゴールがアルジェリアから撤退する経験をした。さらには米国もベトナム戦争で敗北している。各国とも国外の小国との戦争に敗れたという経験はありますが、いずれも無条件降伏ではない。それに対して日本やドイツが経験したのは無条件降伏です。無条件降伏によって歴史的な正義を失うわけです。

第一次世界大戦でドイツが受け入れたのは、無条件降伏ではなくて、休戦協定でした。ヒトラーが権力を掌握した大きな理由は、歴史的な復讐、つまりは奪われた正義を奪い返そうとしたことにあります。やはり無条件降伏にならなければ、歴史的な正義を大きく転換することは難しいのです。ですからイギリスやフランスなどの植民地帝国が、自らが掲げている歴史的な正義を完全に奪われるということは、近い将来はないと思います。

──欧州では新たな動きが出ています。英国植民地下のケニアでは一九五〇年代に植民地支配の終焉を求めた「マウマウ団の乱」が起きて、多数のケニア人が弾圧され多くの犠牲者を出しました。そのときの元闘士三人が拷問や拘束を受けたとして英国政府に対し謝罪と賠償を求めた裁判で、英高等法院が二〇一二年十月、原告の請求権を認める判決を出しました。さらにヘイグ外相は二〇一三年六月、議会で遺憾の意を表明し、被害者約五千人に総額約三十億円の補償金を支払う方針を打ち出しました。

それからドイツとポーランドの間では、戦後、ポーランドから強制移住させられたドイツ人の間からポーランドに対して財産の返還や賠償請求の動きが二〇〇〇年代に入って広がった。

すると逆にポーランド下院が二〇〇四年、ドイツに対して賠償を求める決議を議決しました。またフランスでは二〇〇五年に、アルジェリアを含む海外におけるフランスの肯定的役割を学校で教える、という内容の法律が成立した。欧州においては歴史の復讐劇が終わってなく、動き出したということでしょうか。

細谷　現代の世界では、民主主義の劣化が見られます。民主主義は従来は限られたエリートや限られた良質のメディアなどによって動かされてきた。ところが各国ともポピュリズムが広がり国民の間に政治的な関心が拡大することで、より幅広い層の人々が様々な政治的問題に対して意見表明するようになってきたのです。

そうすると歴史問題が大きな政治の争点になっていく。冷戦時代に政治の死活的に重要なテーマは安全保障問題だった。つまり自分の国が戦争になるかどうかということが最大の問題だった。ところが冷戦が終結すると、戦争の可能性が後退し、安全保障政策以外の問題が国内政治で大きく扱われるようになった。その一つとして歴史観、歴史認識というものが各国で大きなテーマになったのです。

歴史問題が政治化すると保守の側が自国の正義を語り、リベラルの側が謝罪や反省について語る。これでどちらが勝つのかと言えば、ほとんどの場合において保守の側が勝つんです。つまり自らの国の正義、自国の国民の正義を語る方が、世論にとっては遥かに甘い味がするわけです。

アメリカではベトナム戦争後の一九七〇年代にリベラル勢力が広がりました。日本でも、一九五〇～六〇年代は左派が力を持っていた。イギリスでも一九六〇～七〇年代、脱植民地化が進む中で労働党、左派勢力が力を持っていた。各国とも現実政治と連動して左派やリベラル勢力が力を持っていた時代があるのです。するとそれに対する反動が起きる。一九八〇年代から九〇年代にかけて、それまで政権を握っていた左派・リベラル勢力に対する反動が起きた。そして各国とも自国の正義を語るようになってきた。アメリカのネオコンはその例ですね。フランスではミッテラン大統領のあとにシラク、サルコジ大統領という保守が続き、移民問題について強硬な姿勢を貫き、またフランスの優越性を語るようになってきた。ドイツでは保守のコール政権が続き、英国のサッチャー政権も同じ文脈ですね。私は一九八〇～九〇年代に、それまでの左派リベラルに対するアンチテーゼとして、自国の歴史の正当化がかなり広がったと思っています。

より大きな国民の支持を得るために、政治指導者が歴史的な問題を政治化したのです。そして、歴史の専門家が議論するだけではなく、国民がその論争に幅広く参加するようになった。そうなると国民の多数にとって甘くて美しい国民の物語が求められるようになる。それがいわゆる「ポピュラー・ヒストリー」ですね。専門的な歴史家による歴史ではなくて、より国民に受ける歴史、国民にとって耳に優しい歴史、自国の偉大さや正義を語る歴史が広がっていくのです。

これはイギリスやフランスだけでなく、日本でも韓国でも中国でも同じです。その結果、日中、日韓関係だけでなく、ドイツとポーランドとかフランスとアルジェリアとか、欧州だけで考えても様々な外交問題が噴出し世界に広がりつつあるのです。

——一九九〇年代以降の世界各国でのナショナリズムの台頭の背景には、冷戦崩壊や左派・リベラル勢力に対する反動と共に、経済分野を中心とするグローバリズムへの反動もあるのではないでしょうか。経済の世界では国境がますます消えていった。その結果、市場経済が一気に広がり、短期間に様々な形のバブル崩壊が繰り返し起こりました。また先進国は共通に高齢化と財政危機を抱えるようになり、国民の気持ちが徐々に内向きになっていく。こうした要素が全部重なって、自己の歴史を正当化したり復讐劇にひかれる傾向が出てきて、政治的には保守勢力がこうした潮流に便乗して台頭してきているのではないでしょうか。

細谷　つまり自民族中心主義ですよね。それまでのリベラルな多文化主義とか国際主義に対する反動として、「我々は偉大な歴史を持っているんだ」といった流れが出てきた。

それともう一つやっぱりグローバル化ですよね。グローバル化によって他国との交流が盛んになって、より自国の正義が語りにくい時代になってきた。それに対する反作用として、つまり反グローバリゼーションとしての自民族優越主義であるとか自国の正義を語る論理というものが出てきているのです。これは大きな傾向で現在も続いていると思います。

——そうした傾向、潮流を「ナショナリズム」という言葉で表しますが、言葉の使い方としてこれは正しいのですか。

細谷　十九世紀半ばに新しく国民が統合して国民国家が発展していった頃、ナショナリズムというのは国民統合の象徴としてのナショナリズムだった。ところがもう既に国家は発展し、また統合されているわけです。今のナショナリズムというのは国民統合や発展の物語としてではなくて、むしろ反グローバル化と結び付いた反作用としてのナショナリズムだと思います。

——冒頭、パスカルの言葉を引用して正義と力の関係について説明して頂きました。この「正義」という言葉ですが政治思想の世界では重要な言葉の一つです。それぞれの国にはそれぞれの正義というのがあるということですが、正義という言葉を定義すればどうなりますか。

細谷　元京大教授の高坂正堯《こうさかまさたか》先生が『国際政治』（中公新書）という本の冒頭に、「国家は、力の体系であり利益の体系であると同時に、価値の体系でもある」と書いています。つまり国家が国家たりうるのは、そこには国家としての価値があるからです。それを具体的に書いているのが米国の社会学者ベネディクト・アンダーソンの『想像の共同体』です。つまり人工的に価値を作って、それが国家統合の象徴となっていくわけですよね。アメリカであろうがイギリスであろうが日本だろうが同じです。つまり価値の体系として国家を作る。国家の中枢にある価値の体系の原理、それが憲法である場合もあれば歴史教育である場合もあるわけです。そして様々な価値観がその国の価値の体系を形作っているわけです。

例えばイギリスが第二次世界大戦でナチス・ドイツに勝利すると、それが国民が共有する価値の体系となるわけです。一方、日本は戦争に敗れたことによって戦前に掲げていた価値体系を失ったわけです。つまり日本はただ単に戦争に敗れて廃墟になっただけではなくて、それまで掲げていた価値を失った。そういう意味で、戦後の日本は精神的な危機に直面したわけです。その危機に対して日本は実効的な戦後の国民の物語を創ってこなかった、つまりうまく価値の体系を創ってこなかった。

正義というのは国家が国家たりうる、国家を構成する価値の体系です。従ってそれを失うことはその国にとっての脅威になるのです。価値を失うということは国の安全保障にも関わる問題であり、国家にとって死活的に重要な問題なのです。戦前の日本は国体という言葉で価値を表していたが戦後は依然として左右が分裂して国民が共有する物語を創ってこなかったと思います。つまり日本国内が右と左に分裂したため日本国民が共有する価値体系ができなかった。それは今の歴史問題の根底の問題でもあると思います。

——日本の植民地支配と欧州各国の植民地支配との違いについてしばしば、日本は朝鮮半島において創氏改名や皇民化教育などの同化政策を展開したが、イギリスは同化政策を展開しなかったなどの点が指摘されています。

細谷　日本の植民地統治について言うと、我々は日本のやったことが正義であるか悪であるかという単純な議論をしがちです。しかし、植民地政策にはリベラルな植民地政策から、同化政策などかなり強硬な帝国主義のようなものまで様々な形態がある。リベラルな植民地政策というのは、新渡戸稲造の思想に代表されるような、他国を支援するというようなものであり、国際連盟の委任統治につながっていく考え方です。戦後であればＰＫＯ（国連平和維持活動）やＯＤＡ（政府開発援助）につながっていきますね。それに対して、植民地の搾取を優先し、抑圧的で同化主義的な植民地政策、あるいは軍事力に依拠した暴力的な植民地政策もあります。

戦前の日本の政策にはこの二つが同居していた。台湾においては部分的にはリベラルな植民地政策が実践された。一方、朝鮮半島ではロシアの脅威に備える必要もあって軍の影響力が非常に強く、抑圧的な政策が実施された。日本の植民地統治の姿は一体として考えるのではなく、より丁寧に個別に見る必要があります。そこには植民地政策を巡る対立があったわけで、より広い視野で冷静に論じる必要があると思います。

戦後の日本が創ってきた価値は、基本的に戦後の平和主義であり戦後の民主主義だったと思いますが、では戦前の日本の歴史をどう位置づけるかということについては、専ら事実を覚えることに徹しただけで価値体系を創ってこなかった。

一方、中国ではマルクス主義に依拠し、経済的な論理から日本が植民地を拡大し中国を侵略したとしている。マルクス主義の論理からすれば、日本が資本主義国である以上は市場を求めて中国に侵略したのはやむを得ない面があるという見方さえ見られる。それが歴史の必然であり法則であるというわけです。韓国の戦前の歴史も基本的には抗日運動であり、それに勝利を収めたという歴史です。

では日本は歴史認識においてどういう価値体系を持つのか。あるいは中国や韓国が歴史についてどういう価値体系を持っているのか。そういうことに日本の歴史教育はほとんど触れてこなかった。自国や他国の価値体系への軽視こそが、今の歴史認識を巡る根源的な問題だと思うんです。単に自分たちがきちんとした歴史の価値体系を創ってこなかっただけではなくて、中国や韓国など他国、他者の持っている歴史的な価値体系にあまりにも鈍感であった。

日本では自国の歴史について無謬性、つまり日本は間違いを犯していないんだという考え方が非常に根強い。そして一億総懺悔だといって、ある意味ではごまかしてきたわけです。一九四五年で断絶する歴史観ではなく、戦前の歴史から戦後の歴史に連続する歴史観が重要です。あの戦争や植民地支配をどう捉えるのか、それは日本にとって一体、どういう意味を持っていたのか、それらの功罪をきちんと理解しなければならないし、そのための作業が必要だが、やってこなかった。だから南京での虐殺はなかったとか、慰安婦問題なんてなかった、あるいは日本は植民地統治でいいことをしたんだなどという、自らに甘い歴史観が好まれてくるのです。

きちんとした重厚な歴史の実証研究に基づき、同時に公平で多様性を尊重した国際的な視野を持った上で歴史を見て、それを受け入れた上で国家の価値体系を創るべきです。それは一九四五年にスタートした国家としてではなくて、近代日本としてきちんと近代史というものを理解した上で、日韓併合や慰安婦問題、南京事件、あるいは侵略戦争の問題をきちんと主体的に国民の行為として理解し、それを前提に価値体系を創っていかない限りは、やっぱり歴史対話ってできないんじゃないですかね。

――その場合の日本の価値体系はどういうものになるのでしょうか。

細谷　それはやはり功罪をきちんと認めるということです。例えば今では「南京大虐殺はあった」と発言するだけでも、一部の右翼から猛烈に叩かれる。それは南京で虐殺があったということを認めたくない、あるいは日本が過去に間違いを犯したことを認めたくないからでしょう。

――歴史には過ちもあれば成功例もある。それをきちんと認識すれば価値体系ができるのですか。

細谷　受験勉強の影響もあって、日本の場合は歴史的事実を暗記することで止まっている。でも歴史には一つひとつ意味があるわけです。その歴史上の出来事の背後には様々なコンテクストがあって、それぞれ意味を持っています。それは日本国民に対して意味を持つと同時に、国際社会に対しても意味を持っている。我々にとって日露戦争とは何だったのか、南京事件は何だったのかということをきちんと考える。その基礎の上に日本という国家の価値体系ができるのです。

例えば慰安婦問題に関連して日本人は女性の人権をどう考えるのか。戦場における性、あるいは戦場における性暴力をどう考えるのか。そういうことは、日本がどういう価値体系を掲げるかということや、歴史をどう日本人が認識するかということと無関係じゃない。しかし日本人はそういう価値体系を主体的に創ってこなかった。そのため、今、日本社会が大きく揺らいでいるんだと思います。

――そういうことであれば、「村山談話」や「河野談話」は主体的な清算の一つになるのではないですか。

細谷　村山談話や河野談話は色々と欠陥がありながらも私の言う日本人自らによる主体的な価値の構築であり、単なる抽象的な概念ではなくて歴史的な背景に根付いている。従ってそれらを否定することは、国際社会では平和国家という価値の否定と見られてしまう。村山談話などは、好むと好まざるとにかかわらず、日本が平和国家であることと不可分の一体となってしまった。ですから村山談話を否定したり修正することは歴史の問題ではなくて、日本が平和国家としての歩みを変えるのかという外交の問題になってしまうのです。だから本当に変えるのであれば、新しい平和国家としての姿を、あるべき歴史認識に基づいて語ることが必要になります。それは靖国神社参拝問題も同じです。

――戦後の国際秩序は日本が東京裁判を受け入れ、サンフランシスコ平和条約が成立したことを前提に成り立っています。従って日本国内の一部から東京裁判を否定する動きが出たり、A級戦犯が合祀されている靖国神社に首相が参拝したりすると、日本は戦後の国際秩序にチャレンジしようとしているのかと見られてしまいかねません。

細谷　だから私は日本がナイーブだと言っているんです。力と正義は結び付いているのですから、日本が歴史的に正義を回復したい、あるいは歴史に復讐したいのであれば、それは圧倒的な国力を得るしかない。最終的には日本が第二次世界大戦で負けた国、つまりアメリカ、イギリス、フランス、中国、オランダ、ソ連・ロシアのすべての国々ともう一度、戦争してすべての国に勝って無条件降伏させれば、日本は正義を回復できるわけです。日本の考える正義というものをそれらの諸国に押し付けることができるわけですね。逆に言えば総力戦をして相手に無条件降伏を押し付ける意志がないにもかかわらず自らの正義を国際社会で語るということは、私は非常にナイーブなことだと思います。

国際社会は多元的であり様々な価値が存在しており、純粋な正義というものが普遍的に存在しているのではありません。その様々な価値が国際社会における力関係と無縁ではない。ですから日本が正義を押し付けられているとか、日本の正義を語ることができないとか、そのような不満を持つのは自然なことなんです。そのような不満からナチスは戦争をしたわけですよ。今の日本の状況は戦間期のドイツの精神状況と非常に似ている。第一次世界大戦で負けたドイツは、正義を押し付けられたことに対して大きな不満を持っていた。そこで彼らは正義を回復するために二度目の戦争をして再び敗れた。二度敗れたことによってようやくドイツ国民は、連合国に対して自らの正義を主張することを諦めたのです。

ところが日本国民は諦めてないのでしょう。しかし、戦勝国相手に総力戦を挑み無条件降伏を勝ち取る自信はないし、その勇気もない。しかしながら旧連合国に対して自らの正義を語りたいという非常にナイーブな願望がある。あるいは歴史的な復讐をしようという怒りが一部にあるのです。

――戦後、日本人は受験のための知識の詰め込みという面もあるけれども、歴史教育を受けて戦前の日本は間違ったことをしたと教えられてきました。そしてこれからの日本は平和国家であるべきだとも教育された。そういう認識の下で現実の政治も営まれてきたと思います。ですから戦前の歴史を美化し正当化して、正義を回復したいと考えている人はごく一部だと思います。ところが近年、社会の空気が変わり、日本の正義を認めてもらいたいと考えている一部の人たちの主張が広く受け入れられてきている。その背景には情報の大衆化、メディアの商業主義、経済の低迷など複合的な要因があるように思います。そうした変化を政治が利用している面もあるでしょう。

細谷　少し迂回した説明になりますが、われわれはどうも個人レベルでも国家レベルでも、自らの欠点を愛するということに慣れてないですね。人間には欠点があり、国家は様々な過ちを犯す。ところがその過ちを主体的に受け入れた上でさらにそれを愛することで自己形成できるのです。例えば自分の容姿が気に食わないとか自分の学歴が気に食わないとか、個人レベルでも国家レベルでも様々なコンプレックスがあり欠点があったとしても、それを主体的に受け入れて愛するということが必要なのです。だが日本人はどうもそれが得意じゃないですね。

確かに日本国民の多数は侵略の歴史を受け入れていると思う。ただしそれは自らが主体的に受け入れた上で、自らのアイデンティティや価値体系を構築したのではない。まだ胃の中で消化しきれてないと思います。歴史をきちんと消化した上で、日本は一体どういう国家になりたいのかということを考慮しなければならない。きれいなことを語るのは簡単ですが、きれいではないことを語りまたそれを主体的に受容することに、日本人はあまり慣れてないんじゃないかと思います。

――それは日本人に限らないような気がします。韓国だって自分たちが植民地支配された歴史を負の歴史として受け入れることは絶対しないでしょう。中国に至っては共産党一党支配を正統化する根拠として抗日戦争勝利を使っている。ドイツはナチスの行為について謝罪していますが、正規軍や当時の政府の責任についてはあまり触れていません。そして大衆化した社会においてそれぞれが自分たちの正義をナイーブに主張し始めると、社会全体が不安定化してくる可能性があります。

細谷　私は日本人について話しましたが、確かに日本人に限らずどの国でも自らの欠点をきちんと見つめて受け止めることは難しいことだと思います。偉大な歴史を語ることは、その国の欠陥という困難を乗り越えて初めてできるのです。例えばアメリカの歴史を語るには、ベトナム戦争抜きには語れないし、人種差別や公民権運動を語らなければならない。日本も数多くの困難に直面したわけですが、それと向き合って乗り越えることができれば偉大さの大きな象徴となります。しかし、日本はその偉大さが生まれにくい。偉大さには勇気が必要ですよね。でも今のポピュリズムの時代において、そのような欠点を受容して、困難を克服する勇気というのは政治的にも非常に難しい。

私は戦前の日本の問題は、軍国主義ではなく孤立主義であったと思っています。国際連盟から脱退し、イギリスやアメリカ、フランス、中国、ロシアなどに敵対した。そして軍国主義を放棄して平和主義に向かったことだけではなく、国際協調を取り入れたことも戦後の日本において極めて重要な転換だと思っている。最近、議論になっている集団的自衛権の問題も基本的には国際協調主義の問題です。武器輸出三原則の見直しも同じです。日本がこれからの国際社会で生きていくためには、国際社会から孤立するのではなくて、国際社会と共同歩調を取っていく必要がある。だから湾岸戦争のときにクウェートをどのように救援するかだとか、ルワンダの問題が起きたときにどう対処するかという問題が国際社会で取り上げられれば、日本も共に行動しなくちゃいけない。いつまでもフリーライダーではいけない。そういう意味で、戦後の社会党も、現在の内閣法制局も、その根底にあるのは孤立主義的な思考だと思う。国境の内側に閉じこもりたい。野蛮な国際社会には関わりたくない。

これから先、日本が道を誤らないためには、国際協調主義を確立していくことが重要となります。その意味で、首相の靖国参拝がアメリカ、中国、韓国などから、国際協調主義の拒絶と見られてはいけない。また日本が正義を語るのはいいんだけれども、一国の正義というものは国際社会において絶対的なものとして存在するわけじゃないことを忘れてはいけない。国際社会は多数の正義が均衡した状態にあるわけですから、ある国の正義は全体の一部でしかない。

ですから日本の正義を語るときや歴史認識を語るとき、あるいは日本の国家の価値を語るときは、やっぱり国際協調主義の精神に基づいたものでなければいけない。つまり国際的な通念と符合する必要があるのです。戦前の日本は大東亜共栄圏にしてもそうですが、国際社会に符合しない正義を語って亡びたわけです。日本が圧倒的な力を持つ帝国になれば、自分の正義を世界に強制できますが、そんなつもりがないのですから、結局は多様な正義、他者の正義、それには中国の正義や韓国の正義も含まれますが、それらを理解しどの段階で共存できるのか考えるべきなのです。

また、正義は力と関係します。日本が再びアジアにおいて圧倒的な正義を浸透させたかったら、アジアで圧倒的な国になればいいわけです。アジアの他のすべての国のGDPの合計よりも日本一国の方が大きければ、日本は自分の正義を自由に語れるでしょう。しかし、今の日本にそういうことはできないのですから、ある程度は中国や韓国に対して譲歩しなくちゃいけない。正義と国力が符合しているのだから、これは仕方のないことです。

――現実は全く逆で、大国化した中国が正義を振りかざし、それをアメリカでさえ十分に抑え込めなくなっている。そういう大変な時代を器用に生き延びるのは難しいことですね。そのためには現実をきちんと認識して冷静に対応するリアリズムが不可欠でしょう。

細谷　日本は戦前も戦後も歴史認識においてリアリズムが欠如してるんですよ。やっぱりナイーブなんです。正義を語るのであれば背後に力が必要だ。ところが十分な力がない中で正義を語れば、それは孤立につながる。日本の国力に限界があるのなら、国際協調主義の中で国際社会に符合する正義じゃないといけない。リアリズムを実現するためには、政治家やメディアなどに慎慮が必要です。しかし、メディアについて言えば最近の論壇誌などは過激な排外主義的な論調ばかりで、自己の正義を絶対化し、他者に対する謙虚さが見えない。自己の立場は絶対的な正義だとして、相手を批判することにしか興味がないように見える。他者には他者の正義があるのです。つまり政権には政権の正義があるという相対主義的視点がないんですね。

――奇しくも来年が対華二十一ヵ条要求から百年、第二次大戦終結から七十年、日韓基本条約締結五十年という歴史的な年になります。それを前に、日中、日韓関係は緊張を高め、日米関係も揺らいでいます。デリケートな年を前に、外交問題には注意深く対応すべきだと思いますが、自民党内も国民の間でもモノトーンな対外強硬論が幅を利かせています。こうした潮流は外交的にはとても危険なことだと思います。

細谷　第一に、外国から批判されて、それに対する反動として歴史を語ることは弊害が大きい。外交上もナショナリズムの観点からも、非常に害悪が大きい。そうではなくて日本が主体的に国民の価値体系あるいは国民の物語を創っていくべきです。そして国民の物語にはさきほど話した通り、危機と挫折と偉大さが不可欠です。

慰安婦問題一つを取っても、日本の中では強制性ということに非常に光が当てられているが、これを戦場での性の問題として捉える必要がある。心ならずも慰安婦として奉仕をする女性がいて、その中に多くの韓国人がいたことは疑いようがない事実だと思います。そして今日の日本において女性の人権問題を考えたとき、戦場において女性が兵士に性的に奉仕をするというのはあるべきことではない。外からの指摘に対する反動としてだけではなくて、今ある日本の姿を世界に伝えるという意味で、歴史に向かい合っていくということが重要です。

また、戦前の日本は軍国主義的に膨張した結果として多くの国民が困窮し、命を失った。同時に心ならずも多くのアジアの人たちが命を失った。やはり軍事力を用いて紛争を解決するということは好ましいことではない。それは国家にとって不幸につながるのです。そう整理すると、それは中国に対する抑止にもなります。つまり軍事的な偉大さを求め、かつ軍事力を用いて問題を解決するということが誤ったことであると語れば語るほど、それは今の中国に対する批判と抑止になると同時に、戦後日本が歩んできた道のりの偉大さを語ることにもなる。

戦後、日本は多くの問題を軍事力ではなく知恵を使って外交的に解決してきた。それが正しい道である。歴史を語るときは、多くの挫折や失敗を語ると共に、今ある日本を肯定し、理想的な将来というもののビジョンを描くのです。歴史認識問題は必ずしも常に後ろ向きで、屈辱的なことと限りません。また、常に謝罪をしなければならないというものでもない。より創造的で主体的、建設的なことであり、日本の国益にもなるのです。その中には多くの挫折や困難、失敗、誤りがあったが、それらをすべて受け入れて、その一つひとつをきちんと愛した上で乗り越えていくべきです。そこに日本の偉大さが生まれます。そういう新しい国民の物語というものを来年の終戦七十周年に向けて政府には考えてほしいと思います。

対話を終えて

国際政治を専門とする慶応大学教授の細谷雄一氏には豊富な知識と鋭い分析力を駆使して、歴史問題と国家関係のあり方について北東アジアという領域を超えて広く論じて頂いた。

細谷氏が強調するのは「正義と力」の関係である。国際政治に絶対的な正義はなく、力と共に正義は移る。正義は相対的なものなのである。従ってそれぞれの国が自らの正統性を実現しようとすれば、戦争という形での復讐が繰り返されることになる。近隣諸国との戦争を繰り返す歴史を経た欧州は、復讐の不毛さを認識し、他者を認め受け入れる「寛容の精神」を身に着けて復讐を抑制し安定を確保する術を生み出した。それは言いかえれば国際協調主義であろう。

日本の侵略や植民地支配の「歴史」を美化し正当化しようという一部「タカ派」の論理は、欧州が生み出した「寛容の精神」とはほど遠い。敗戦によって日本は自らの正義、すなわち日本の正統性を失ったのだが、彼らはそれを認めることはできない。政府が中国や韓国に繰り返し謝罪し、経済援助やＯＤＡの形で実質的な「賠償」をしても、一部閣僚らが「歴史」を肯定的に評価する発言を繰り返したことで、日本の「謝罪」や「反省」の信頼性は損なわれ続けてきた。

現状について細谷氏は次のように分析した。各国でポピュリズムが広がり歴史問題がますます政治化している。保守勢力は自国の正義を語り、リベラル勢力は謝罪と反省を語る。大衆社会においては当然のことながら、歴史の専門家ではない人たちが語る甘く自尊心を満足させる「ポピュラー・ヒストリー」が広く受け入れられる。ハト派にとっては厳しい状況が生まれるのである。

この状況を克服するためには、歴史について専門家による実証研究をきちんと行い、日本が行ってきたことの功罪を認める価値体系を創るべきだという。同時に安定的な国家関係を実現するためには、国際協調主義が不可欠であると強調する。

日本の論壇や政治家、マスコミは歴史問題と言えば日中、日韓関係を中心にアジア地域について語りがちである。しかし、帝国主義時代を中心に欧州列強の植民地はアジア、アフリカ、中東など世界中に広がり、日本同様、関係国の間では今も外交的問題となっている。しかし、その様子は日本とはかなり異なっている。英仏両国は旧植民地国に決して謝罪はしていない。しかし、賠償も例外的な対応となっている。それでも外交関係は維持されている。日本のケースと何が異なっているのであろうか。

まず植民地経営の手法の違いがある。英仏などは間接統治をするなど植民地の習慣や文化、社会のシステムをそのまま活用しつつ植民地経営をする手法を取った。これに対し日本の場合、朝鮮半島では同化政策を強く進め、日本語教育の徹底や創氏改名などを行った。また敗戦の有無も大きな違いである。日本は太平洋戦争で敗北したが、英仏両国は敗戦の経験はない。植民地の独立は敗戦が直接の理由ではないのである。さらに旧植民地との政治、経済力の差の有無も異なっている。英仏両国の旧植民地の多くはいまだ途上国であり圧倒的な力の差がある。日本の場合は侵略をした中国は今やＧＤＰで日本を上回り、韓国も著しい経済成長を果たしている。

旧植民地などが力を持ち、本格的な「復讐」を始め出すと何が起きるのだろうか。日本政府は中韓両国の主張に反発し、国内的に危機感をあおり、憲法の解釈を見直し自衛隊の活動範囲を広げようとしている。互いの理解が深まらないばかりか、軍事的緊張が高まりつつある。最悪の事態に陥らないためにも、冷静かつ客観的に自らの歴史を振り返ると共に、これからの外交のあり方を考える戦略的対応が必要になってきている。

第二章

ハト派の可能性

河野洋平
谷垣禎一

1 河野洋平との対話

かつてハト派は徒党を組んでいた

河野洋平（こうの・ようへい）

元外務大臣
自由民主党元総裁

一九三七年、神奈川県生まれ。一九五九年、早稲田大学政治経済学部卒業。一九六七年、衆議院議員に初当選（当選一四回）。一九七六年に自民党を離党し、新自由クラブ代表を務める（一九八六年復党）。その後、宮沢内閣での官房長官を経て一九九三年七月、野党に転じた自民党の総裁に就任した。さらに村山内閣での副総理兼外相などを経て、二〇〇三年九月に衆院議長。二〇〇九年に衆議院議員を引退した。

一気に進む右傾化

——最近の出来事ですが二〇一四年二月の東京都知事選で、戦前の軍部の行動を評価する論文を書いて自衛隊航空幕僚長を更迭された田母神俊雄氏の得票が六十万票を上回りました。その田母神氏の選挙応援演説に立ったNHKの経営委員で作家の百田尚樹氏が東京裁判や南京大虐殺を否定する発言をしました。さらにそのNHKの籾井勝人会長が従軍慰安婦問題について「どこの国にもあったこと」などと記者会見で発言し、国会で繰り返し追及されました。一昔前であれば信じられないような出来事が続いているような気がします。日本全体が右傾化しているのでしょうか。

河野　ごくありきたりの言い方になりますが、近年にない右傾化だと思います。似たような状況は中曽根政権の頃にもあったと思いますが、あの頃は自民党内にブレーキをかける人がいたし、野党もしっかりしていました。特に自民党内には多様な人材がいて様々な意見がありました。政党として多重構造だったんですね。だから中曽根内閣の頃は極端な右傾化に向かうのを未然に防ぐことができたのです。今は政治構造が変わってしまったため右傾化が一気に進んでいる状況だと思います。

しかしこの現象は、突然現れたのではないと思います。右傾化の兆しは二〇一二年の自民党総裁選の時にも現れていました。五人も候補者が出ましたが、全員が右寄りの政策を掲げていました。当然、これからの政治は右傾化すると予測しなくてはいけなかったのですが、有権者もマスコミもこれを軽視してかかりました。特に一番近くで総裁選を取材していたマスコミはもっと敏感に反応してほしかったところですが、看過してしまいました。

マスコミについて言えば、総裁選以後、政治状況がどんどん右に流れているのにそれに対する警戒感や批判が少なかったですね。二〇一三年には特定秘密保護法が大問題になったので、国会審議の最後のところで慌てて反対キャンペーンをしたが結局、なす術もなく成立しました。私にはマスコミの対応は「反対したぞ」というアリバイを作っただけのようにしか見えませんでした。この法律が成立したので政権は自信を持つと共に勢いを得て、もう一気に右に回ったんですね。

その後、集団的自衛権についての憲法解釈の見直しが現実の問題となり、武器輸出三原則の転換も打ち出されています。これまでの政治ではありえなかったことが次々と起きていてとても怖い状況だと思いますが、総選挙の結果、自民党が絶対多数を取っているのですからいかんともし難い状況です。正直、大変心配しています。

――確かに自民党はタカ派からハト派まで、様々な思想信条を持つ政治家がいた政党でした。それが多様性を失ってきたのはなぜですか。

河野　今までの自民党でしたら、誰かが出ればその勢力に対する対抗軸が必ず出たものです。

そうでなければ、党の総裁を選ぶ選挙にならないはずなんです。ところが前回の総裁選は一人が右だと言うと他の候補もみんな右を向いてしまった。これはどう考えても異常なことですよ。そしてさらに、そんな状況について何の論評もないというのが実に不思議なことです。

——それは自民党が変わったのですか、それとも社会やマスコミが変化したのですか。

河野 それはニワトリとタマゴの関係と同じでしょうね。自民党という政党が非常に感度がよくて、世の中が右に回り始めたということをいち早く察知したから候補者全員が右になったと見ることもできるし、自民党があれだけ右を向いたのだから自分たちも右を向いた方がいいという考え方が一気に世の中に伝播したのかもしれません。どっちが先かはよくわかりませんけれど、確かなことはやはり小選挙区制がもたらした結果でもあるということです。

——小選挙区制と自民党の右傾化がつながるのですか。

河野 右傾化ということではなくて、重層的な組織であった自民党が非常に単純化されたということですね。私も一九九四年の選挙制度改革での小選挙区比例代表並立制導入に関わりましたから、自らの反省というか責任を持って小選挙区制は失敗だと言うのです。何が失敗だったかと言えば、死票が多いということです。論理的には四十九パーセントの票が死票になりうる制度はやはりいい制度ではないですね。

だから小選挙区制を導入したときに同時に比例代表制も取り入れたんです。つまり比例代表制は死票を救済することが目的でした。ところがその意図が政党には全く理解されていないいため、比例代表の候補者はほとんどがお友だちだったり党首らの影響下にある人間となってしまい、それで自民党に幅がなくなってきたのです。

――中曽根康弘首相は一九八五年の終戦記念日に靖国神社を公式参拝しました。しかし、それに対する国内の批判が強かったことや、参拝が中国の胡耀邦総書記の国内的な地位を危うくする可能性があるとして翌年は参拝しませんでした。また中曽根内閣では歴史教科書問題が起きました。中国や韓国から批判を受けて中曽根首相は自ら教科書内容の修正を指示しました。タカ派と言われていた中曽根さんがこれほど柔軟な対応をしていたんです。今の自民党にはこういうことはできそうにありません。

河野　中曽根さんはやはり自分が右に寄っているという自覚もあったのですね。一九八六年の衆参同日選後に新自由クラブが解党して大半の議員が自民党に復党したとき、中曽根さんは私に「新自由クラブの参加で、中道左派まで我々の仲間に加わり幅の広い戦列ができ上がる。幅をレフトウイングまで伸ばすことになり、政策的にも相当プラスになる」と話したんです。中曽根さんには、そういう台詞を言うだけの認識があったんですね。今の自民党にはそういう人はおそらくいないでしょう。もっと右が欲しいという人はいるかもしれませんが。

――都知事選で田母神氏に六十万票が投じられたわけですが、田母神氏が空幕長のときに書いた論文の内容をどのくらいの人が知っているでしょうか。あるいは田母神氏の歴史認識などはどこまで知られているでしょうか。

河野　それは大半の有権者は知りませんよ。だってそれだけの時間的余裕も、手段方法もないのですから。都知事の場合は知事が辞めてから五十日以内に次を決めなくてはならないと公職選挙法に定められています。そして選挙運動期間は十七日間です。ある日、都知事が突然辞めた場合、立候補する人は三十三日以内に決断して準備をしなければならない。もちろん知事が辞めるなんて思っていないわけですから、誰も準備をしていません。公約にありきたりの政策を羅列するだけでも大変なことです。

新しい都知事が決まるまでに長い空白を置くのはよくないという考え方も正しいと思います。しかし、東京都知事選の場合は有権者が一千万人を超えます。これほど多い有権者がこんなわずかの期間にどの候補者が一番いいかということをどうやって決めるんですか。東京都知事というのは少なくとも半年くらいかけて、過去にどういう提案をしたとか、様々な問題にどういう対応をしたかなど、有権者があらゆる角度から見ることができて、さらに有権者の前で候補者がディベートをするなどして、それから選ばれるべきものなんですよ。

——今の時代は便利ですからインターネットを使って各候補者のデータを調べれば、例えば田母神氏がどういう論文を書いたかなんてすぐわかります。投票に際して有権者はそのくらいのことをやる義務があるんではないですか。

河野　無理ですよ、実際そんなことは（笑）。

ハト派の歴史

——自民党から多様性が消えていった、あるいは自民党が右傾化していった原因の一つは、そうでない人たち、いわゆるハト派の人たちの存在感がなくなったことにあるんではないでしょうか。

歴史的に振り返ると、一九五五年に結党した自民党は吉田茂元首相が強調した軽武装、経済重視、護憲、国際協調路線、いわゆる「吉田ドクトリン」を支持する人たちと、それに対抗して改憲、再軍備、対米追随批判などを主張した鳩山一郎元首相らが中心のグループに分かれていました。その流れがハト派、タカ派の源流のようになって自民党内に生き続けてきたのではないでしょうか。

河野　一九四五年に戦争が終わり翌年に総選挙が行われて新しい国会議員が決まった直後から、GHQの公職追放令で一部の政治家が追放され出した。そこはもうはっきりしていて、戦争に荷担したなどの疑いがあってアメリカが気に入らない政治家らはパージされ、アメリカから見て無害と思われる政治家や協力者はパージされないで残ったんです。そして総選挙で第一党になった日本自由党を率いる鳩山一郎さんがいきなりパージの対象となって政界から追放されたのです。つまり選挙で国民の支持を得た人が追放され、代わりに吉田茂さんが首相になったのです。つまり吉田さんが政権を担ったのは国民の支持があったからではないんですね。

鳩山さんは一九五一年に公職追放が解除され政界に戻り、吉田さんに対抗して政党を作ったりしたのですがなかなか第一党にはなれないんですね。それで保守党の中で「吉田対鳩山」という激しい対立構図ができてしまいました。一方、当時の国際情勢は米ソ対立が激しくなり隣の国では朝鮮戦争が起きていて、国民は心細い思いをしながら政治を見ていたんです。それで自分たちが安心していられるのは親米政権だということになって、吉田政権がしばらく続いていったのです。

やがて朝鮮戦争が終わり米ソ冷戦が固まっていく中で社会党の左右両派が統一されました。この動きを使って三木武吉さんらが保守合同をやり遂げたのです。最初は自由党も民主党も互いに自分たちだけで何とかなると思っていたため、話し合いはなかなか進まなかったのですが、そこを社会党の統一が背中を押したんですね。それからアメリカもかなり強く保守合同を推進していたという背景もありました。

――アメリカが保守合同を強力に推進したのですか。

河野　ええ、冷戦時代になっていましたから、アメリカは日本の赤化や左傾化を絶対に避けると共に、極東にしっかりとした橋頭堡を作りたかったんです。だから保守合同をバックアップしたんでしょう。皮肉なことに、保守合同を望むアメリカの動きを親米的な吉田自由党はあまりおもしろく思っていなかった。逆にそれまで親米路線に批判的だった鳩山さんの陣営にいる三木さんが保守合同を一生懸命やるのをアメリカは密かに好ましいと思って見ていたという構図でしょうね。

保守合同で自民党は唯一の保守政党の地位を固めるわけです。憲法問題では護憲派と改憲派が表向きは一つの政党になるんだけれども、別々の主張を持ったままでした。唯一の保守政党ですから選挙では勝つ。しかし、党内にいろんな主義主張を持つ勢力を抱えているわけです。それでもとにかく一つになって権力を握り続けてきたわけです。

――少し単純化して言えば、自民党内に「ハト派」と「タカ派」のグループが存在していたということですね。

河野 そうですね。「ハト派」の主流は軽武装・国際協調主義で、比較的吉田路線に近いですよね。ところがその吉田さんやそれに近い人たちは次第に権力に執着するようになっていった。すると逆に権力にあまり執着しない人たちが別に出てくるんです。芦田内閣で蔵相を務めた北村徳太郎さんとか、国交正常化前の日中貿易促進に努めた高碕達之助さん、やはり日中貿易に尽力した松村謙三さんといった人たちです。こういう人たちは経済政策やアジア政策を重視していました。

当時の国際情勢はまず米ソ対立があり、韓国には軍事政権が誕生し、中国では国民党の蔣介石政権が台湾に移ってしまい大陸は中国共産党の毛沢東政権になっていました。そこでタカ派というかハト派でない人たちは、戦前からのお付き合いもあったためでしょう、軍事政権である韓国の朴正熙政権や台湾の蔣介石政権に親近感を持ったのです。

　一方、当時はまだ「ハト派」という言葉もなかったと思いますが、そういう人たちは国際協調を主張して、中国共産党の毛沢東政権との交流を促進すべきだという考えを持っていました。

　僕の認識では「ハト派」の動きが顕著になったのは一九五五年のバンドン会議（アジア・アフリカ会議）以降ですね。バンドン会議というのはインドのネルー首相、インドネシアのスカルノ大統領、中国の周恩来首相、エジプトのナセル大統領が呼びかけた会議で、西欧列強の植民地だった二十九ヵ国の首脳が集まって、米ソいずれのグループにも属さない対外姿勢を打ち出した。日本国内でも一部の人たちがそういう流れの下に集まり始め、その頃から僕も「ハト派」というものを認識するようになりました。

「タカ派」の論理

――一方の「タカ派」ですが、「ハト派」の護憲に対して改憲を主張し、日本の独自性、伝統、文化、歴史というものを重視する考えを前面に出していました。歴史について言えば、太平洋戦争やアジア各国への侵略や朝鮮半島の植民地支配を正当化したり美化しています。国際協調主義を否定しているわけではありませんが、まず日本ありきですね。

河野　一九五五年の結党時に自民党が発表したいくつかの文書を見ると、「正しい民主主義と祖国愛を高揚する国民道義を確立」（「党の政綱」）と「道義」が大事だということをしきりに言うんですよね。民族の道義や国民一人ひとりの道義が廃れているから、それをもう一度復活しなきゃ駄目だということを言うわけですね。

――結党時の文書を読むと、アメリカの占領政策への反発が強かったですね。「党の使命」という文書には、占領政策の方向性が日本の弱体化に置かれていたため「不当に国家観念と愛国心を抑圧し、また国権を過度に分裂弱化させた」などと書かれています。「道義」という言葉のほかに、「信義」とか「同胞愛」「祖国愛」「自主独立」「伝統と秩序」というような言葉も目立っています。憲法改正も盛り込まれていて、吉田的要素が少ない印象ですね。

河野　タカ派の人たちはやはり戦前志向ですが、敗戦からあまり間もない頃ですから、必ずしも戦争を美化するということではなくて、戦前の日本はもっといい国だった、日本の歴史も伝統も文化もいいものだがあの戦争で壊れて戦後は欧米化してしまった。その結果、戦前の良き日本がなくなってしまったから取り戻さなければならない。そういう気持ちが強かったのだと思います。その延長線で靖国神社に祀られている戦犯は日本を守ろうとした人たちだから大事にすべきだという気持ちが非常に強く出ているのです。

――明治維新もある種の欧米化であり、当時の指導者は積極的に取り入れました。第二次世界大戦後の指導者層の対応とはずいぶん違いがあります。

河野　明治維新は憲法など法制度や行政の仕組みを積極的に取り入れました。しかし、一九四五年以降の欧米化は、制度に留まらず、社会全体に浸透します。流行歌がジャズになって、昔の浪花節や義理と人情の世界が薄くなり、ピストルの早撃ちが格好いいというような風潮が強まったのです。それがはなはだ遺憾で残念だということじゃないですか。だからと言ってタカ派の人たちも民主主義、自由主義、基本的人権尊重などは否定はしてないと思いますね。

日中関係で激しく対立

――自民党内の二つの勢力は、最初から対立する必然性を持っていたわけですね。

河野　僕が代議士になったのは昭和四十年代初めです。その頃の党内は明らかにタカ派が優勢でしたが、政権はどちらかと言えばハト派というか穏健派主導でした。内閣の方向性はトップの首相がどっちを向いているかによって決まるんです。入閣した人は必ずトップに合わせますからね。今の自民党だって昔のようなハト派とは言えないかもしれないけれども、タカ派でない人はいっぱいいるんです。だけどそういう人も内閣に入れば全部右向け右ですよ、それは（笑）。

――一九八〇年代に入ると歴史教科書問題や首相の靖国神社参拝問題などで自民党内のタカ派の存在が大きくなってきました。河野さんが関わった問題で言えば、結党二十年に向けて「政綱改正起草委員会」の下部組織の幹事会座長に就任し、非核三原則を党是に謳うと共に憲法改正の表現を和らげる案を作成しましたが、タカ派議員が作った青嵐会のメンバーに批判されて日の目を見ないという出来事がありました。

河野　青嵐会ができたのはあの出来事の少し前の一九七三年でした。それまでも党内にタカ派議員はたくさんいましたが、ああいう風に徒党を組んで党内を押して回るということはありませんでした。

――タカ派議員が派閥の枠を超えて思想信条で集まって行動するというのは、青嵐会が最初ですか。こういうことはハト派は苦手だったのですか。

河野　佐藤政権が終わって田中政権になると金脈問題が起き、さらにロッキード事件が起きました。それまでも政界を巻き込む大スキャンダルはありましたが、ロッキード事件のような大スキャンダルはそうはなかった。そうなると自民党内の秩序が大きく変わり始めたんです。僕らも青嵐会の人たちも同じでしたが、もう長老に任せてはいられないということを平気で党内で発言するようになりました。党内はどこでも田中批判が激しく、そうした空気の変化が青嵐会を非常に元気づけたと思います。

――青嵐会が田中批判ですか。

河野　青嵐会もやりましたが、僕らもやりました。だけどその後の青嵐会は、一九七六年に福田赳夫内閣が発足して代表世話人の渡辺美智雄氏が厚生大臣、幹事長の石原慎太郎氏が環境庁長官で入閣すると動きが鎮静化してしまい、あまり徒党を組んで押して回るということをしなくなったように思います。結成時には参加者が血判状を作ったりしていた集団でしたが、あっという間に大人しくなってしまいました。

——当時、ハト派の人たちはどうしていたんですか。

河野　実はハト派も相当グループ化していたんです。例えば中華人民共和国の国連加盟問題で、佐藤内閣は中国の加盟には賛成するがそれに伴う中華民国の追放には反対し、当時の福田赳夫外相がアメリカと組んでいました。結局、一九七一年の国連総会で中国の加盟が認められたことを受けて中華民国が国連を脱退し、アメリカに追随した日本は大惨敗したわけです。

それに対して社会党が福田外相に対する不信任案を出したんです。すると自民党内のハト派議員から、与党の一員ではあるけれども不信任案に賛成しようという動きが出ました。僕たちは国会近くのヒルトンホテルに立て籠もって対応を協議したんですが、さすがに「社会党提案の不信任案に賛成するのはまずいだろうから棄権することにしよう」という意見が出て、最後はだいたい棄権（欠席）しました。衆院本会議での採決で欠席したのは十二人でした。最長老は藤山愛一郎さんで、他には川崎秀二、宇都宮徳馬、鯨岡兵輔さんら先輩議員がいて、僕らの世代でも西岡武夫、坂本三十次、塩谷一夫、山口敏夫さんらがいました。

藤山さんは、一九七一年十月に超党派の「日中国交回復促進議員連盟」の代表として北京を訪問して周恩来首相らと会って「日中復交四原則」についての共同声明を発表したんです。この内容が、日台条約を無効にして日本は台湾と断交するとか、台湾は中国の領土の不可分の一部だというような内容だったので、タカ派からは「反日的な内容だ」と批判されました。そして自民党の党紀委員会にかかって執行猶予付きでしたが役職停止処分を受けたのです。すると、それに対してハト派議員が集まって「藤山さんに対する処分は絶対認められない」と執行部を突き上げたのです。あのときは三木武夫さんがリーダーの三木派は派閥として反対表明しました。そして藤山さんも党紀委員会に再審査を要求したんです。しかし、党執行部もメンツがあるから党紀委員会の再審査の結論は最初と同じ処分内容でした。しかし、何とか丸く収めようとしたんでしょう、結論を出すのに半年もかけたんです。とにかく当時のハト派には相当な勢いがありました。

——今の自民党からは想像できないような話ですね。当時は日中国交正常化とそれに伴う中華民国(台湾)の扱いをめぐってハト派とタカ派が激しく対立していたことはよく知られていますが、ハト派にそこまでの行動力があったのですか。

河野　そうです。最も激しかったのは一九七四年に国会で承認された日中航空協定でした。国会承認のためにはあらかじめ自民党の部会や総務会の了承を得なければなりません。党の会議での議論は大荒れで、連日のようにハト派とタカ派が激しい議論を繰り返しました。あの頃は大平正芳さんが外務大臣だったので、同じ派閥の伊東正義さんが心配してハト派の若手を集めて「明日の総務会ではしっかりやってくれたまえ」と檄を飛ばしたりしていました。

――いくら激しく対立しても自民党ですから最後は執行部に一任ということになるわけでしょ。

河野　そうです。執行部はそれなりにタカ派の意見に耳を傾けていましたが、何だかんだ言っても最後は一任で、それに文句を言う人はいませんでした。

――そうしてみると、一九八〇年代あたりまで自民党内のハト派とタカ派は何となくバランスが取れて、活発な議論をしながら自民党は権力を維持してきたということですね。

河野　まあ、そうでしょうね。自民党というのは賢い政党で、田中角栄さんの後は比較的リベラルでクリーンといわれた三木武夫さんが首相になり、その次は右といわれた岸信介さんの流れの福田赳夫さん、それから大平さんと鈴木善幸さんという中道の宏池会がイニシアティブを取った政権が続きました。そういう意味では非常に安定した中道、中庸の政権が続いたのですが、次第に崩れてしまったわけです。

派閥の変質

――続く一九九〇年代は田中派の流れをくむ竹下派、経世会が力を持った時代ですが、二〇〇〇年代に入ると、ハト派勢力が次第に力をなくしてきたような気がします。典型的なのは二〇〇〇年秋の「加藤の乱」ですね。宏池会会長の加藤紘一さんが野党提出の森喜朗首相に対する内閣不信任案に賛成する姿勢を見せて、経世会に切り崩されてしまった。そればかりか宏池会が分裂してしまった。

河野　経世会という派閥にはあまり思想や哲学を論ずる気風は見えませんでした。経済状況がよかった時代に自民党は毎年増える予算をどう配分するかということに腐心していました。つまり「分配の論理」が重要だったのです。竹下登元首相がその代表的な政治家で、社会党の主張や政策も相当採り入れていました。経世会はそれを引き継いでいますから経世会の影響力が強かったあの頃の自民党政権は割とリベラルな政策に理解のある政権と言っていいでしょうね。ただ左側に社会党があったので、経世会をリベラルだとは言いませんでしたね。

――非常に現実的な対応をする派閥でしたから、外交でも米国とも中国とも良好な関係を維持しようとしました。

河野　ですから結果として中庸な政治でした。また当時は国際情勢が比較的安定していましたから、地球儀的にはどうかわからないけども、近隣諸国との関係はわりあいと安定していました。

――そんな中、一九九一年の自民党総裁選に立候補した宮沢喜一さんでさえ、勝つために経世会幹部の小沢一郎氏の面接を受けに行きました。宏池会はどうなっていたのですか。

河野　その頃のハト派というのは権力闘争をしようという意志はあまりなかったですね。バランスの取れた政策を遂行することが重要であって、自分たちが権力の座に就くということにもそれほど執着していないように見えました。ただ中曽根首相の後継争いのとき、宮沢さんは竹下さんや安倍晋太郎さんと争ってだいぶ頑張りました。派閥会長という立場に立つと総裁選ですぐに降りることはできないんですよ。そんなことをすればみんなが不利益を被ってしまいますからね。とはいっても宏池会は喧嘩をするのが嫌いでしたね。喧嘩ができない公家集団と陰口を言われていました。

——七〇年代にはハト派議員は何かあると集まって、党内で活発に動いていたんでしょう。それがなぜ九〇年代になると苦手になってきたんですか。

河野　だんだん中心になるような人がいなくなってきたんですね。強い信念を持ち人間的な魅力を持った松村謙三先生や藤山愛一郎先生のような、中心になる人がいなくなると、周りに集まっていた人が減ってきてしまったのでしょう。その後、ハト派の最後の代表格はやっぱり宇都宮徳馬さんだと思います。とても理論的な人でした。周りに人が集まるというタイプではなく、群れを作るより一匹狼的で、一人で歩いて行ける力を持っていましたから、仲間を集めようとは思わない人だったのです。

——竹下派は人材育成がうまくて、一時は竹下氏の下に「七奉行」と呼ばれるほど優秀な人材が集中していた時期がありました。橋本龍太郎、小渕恵三、小沢一郎、羽田孜さんなんかがそうです。それに比べるとハト派は他人の面倒を見たり後継者を育てることが苦手なんですか。

河野　竹下派に後継者がたくさんいたのは、いつも権力の中枢にいたからでしょう。人事権も資金も動かせるところにいたのですから、いくらでも後継者が集まりますよ。選挙に出たい人が集まってきますからね。またあのくらい人事に関心を持つ集団はなかったですね。組閣や改造のときになると「うちのはどうなっているかね」って必ず言いに来ていました（笑）。

権力のないところが後継者を育てるのは、権力を持っているところに比べると遥かに難しいんです。ハト派は資金も人事権もないのですから、理想とか思想で育てる以外にないですよね。

――田中派支配、竹下派支配というのは一九九〇年代に終わり、「自民党をぶっ壊す」と言って小泉純一郎氏が登場しました。

河野　僕は小泉さんが竹下派支配を壊したというより、もうあの頃は彼らの方が自壊したのだと思います。「田中政治」というのはもう相当コントロールに無理がきていました。財政事情が厳しい中で、昔ながらの「分配の政治」はできなくなったし、派閥会長になった金丸信さんが年功序列などそれまでのやり方を全部ひっくり返して小沢一郎氏を重用したりしたため秩序も崩れていましたね。

――一九九〇年代に自民党内のタカ派はどうだったのですか。派閥的に見ると中曽根派の流れをくむ村上正邦参院議員と清和会から飛び出した亀井静香さんが一緒になって新派閥を作りました。石原慎太郎氏や平沼赳夫氏らが加わっていました。

河野　僕はその動きにはあまり興味がありませんでした。一九九三年の総選挙で宮沢政権が倒れて細川連立政権に政権交代したときには、自民党内はもうハト派もタカ派も関係ない大混乱でした。私は自民党総裁に就任したのですが、とにかく政権復帰しなければと考えて一生懸命でした。それで自社さ政権ができたのです。ですからその当時の論争の中心は選挙制度改革であって、ハト派とタカ派が激突するという場面はなかったのです。

――この時代に日本社会は徐々に変質してきたと思います。高度経済成長が終わりバブル経済が崩壊しGDPは減り給料も増えない。大学生は就職先がなかなか見つからない。ところが隣の中国と韓国はどんどん発展している。日本社会は自信喪失とコンプレックスに襲われてどんどん内向きになっていきました。政治との関係で言えば、河野さんが冒頭お話しされたようにニワトリとタマゴの関係でしょうが、社会の変化が政治に与えた影響は大きかったのではないでしょうか。

河野　それは大きいと思いますね。だからこそ権力が一直線に暴走しないような仕組みをもっと作っておかなければいけなかったのですが、むしろ権力を集中した方が能率が上がるとか、スピードが大事などと言って、結局は何もできていなかったのです。その原因の一つに、自民党が野党となってポストも権力もなくなり、派閥が弱体化し陳腐なものになってしまったこともあると思います。どんな立場のときでも、昔の派閥リーダーにはきちんとした主張があった。一つひとつのテーマについて自分の考えを持っていて、派閥の仲間にきちっと説明していた。派閥のメンバーはみんなリーダーがどういう考えを持っているかということを一生懸命聞いて考えたもんですよ。今はそんなことをリーダーがあまり言わなくなって、派閥メンバーがリーダーを尊敬したり敬愛したりしなくなっているんじゃないですか。派閥は単なる連絡事務所みたいなもんでしょう。派閥の意味が変わってしまったのでしょう。

派閥は若い政治家を育てる機能も持っていたし、優秀な人材を地方から探してくる機能もありましたが、それもなくなってしまったようです。さらに小選挙区制が導入されて五十一パーセントの得票を取らないと当選できない。そうなってしまうと党内に肌合いの違う集団はできないでしょう。自民党はもっと重層的な政党であるべきだと思うけれども、今話したような理由で変わったのだと思います。

民意から離れてはならない

――中国や韓国が歴史問題に対する日本の対応を批判したのは最近に始まったことではなく、長年繰り返されています。しかし、一九八〇年代の日本の対応はもっと寛容というか余裕がありました。それが一九九〇年代、さらに二〇〇〇年代になっていくにつれて硬直的なものに変わり、教科書検定問題にしても首相の靖国神社参拝問題にしても、「内政問題である」などと主張して中韓の要求をはね付けるようになりました。

近年のもう一つの変化は、これまで日本を批判するのは主に中国と韓国だけだったのですが、二〇一三年末の首相の靖国神社参拝に対してアメリカが直ちに"disappointed"とコメントし、EUやロシアも日本を批判しました。従軍慰安婦の問題についても、強制性の有無ではなくて女性の人権問題などとして世界が捉えるようになっています。つまり日本の歴史問題は日中、日韓という空間に留まらない、世界中で関心を持たれる問題に拡大していったのです。その結果、日本政府や国民の人権感覚、戦後秩序に対する考え方が問われているのではないですか。

来年、二〇一五年は戦後七十年という国際社会の秩序形成のメモリアル・イヤーです。また日韓基本条約締結五十年という年でもあります。日本の指導者層が戦後の国際秩序をどう考えるのか、東京裁判やA級戦犯、さらには靖国神社問題が絡んでくると思います。歴史的にも地理的にも大きく広い視点が必要だと思います。

河野　そうですね。全く同感です。そして、そういうことを考えることのできる人たちにもっと歴史を勉強してもらいたいんです。ところが最近は、歴史を漫画で読むとか、小説を読んであたかも歴史を全部わかったような気になってしまう人が多いのではないかと心配です。漫画や小説は特定の人間に焦点を当てています。それに気がついて本当の歴史を学んでくれるといいんですがね。

歴史をよく見ると、時代はある方向に物事が進むと逆に押し返されるし、押し返されたなと思うと次のところでまた元の方向に押し返す力が出てきたりして、必ずしも一方的に終わってしまうわけではありません。今は戦後七十年経って、伝統的な日本の文化とか文明を見直そうとか、もっと注目しようという動きが出てきてるということもあるでしょう。

――市民の覚醒と政治家のいい意味での指導性の発揮のいずれかが実現すれば、今のような社会の空気が変わるのでしょうね。しかし、政治というのはどこまで世の中を変えることができるんでしょうか。

河野 そんなに期待しない方がいいのではないでしょうか。まあ、政治はエンジンではなくてハンドルだと思った方がいいでしょう。そもそも政治がエンジンを吹かして勢いよく動くということは、逆に怖いことですね。

――政治が国家や社会を滅ぼすことは簡単ですね。

河野 そうだと思います。だから民主主義についてもっと考えなきゃいけない。例えばチュニジアやエジプトで市民デモが起きて独裁者が放逐された。「アラブの春」ですね。独裁政権が倒れた後は民主的政権を作るというんだけど、今も混乱状態は続いています。民主的な政権ってそんなに簡単にできるだろうか。あるいは民主主義というものはそんなに簡単に生まれて定着するものだろうか。民主主義という仕組み、システムはそんなに簡単に機能するだろうか。

もう一つ残念なことを言えば、今の日本の政治はやっぱりどんどん民主主義的でなくなっているように思う。民主主義は本来、有権者の意思を踏まえて成り立つものです。つまり民意に沿って政治が行われるのが民主主義だと思うけれども、今の政治は民意と離れていると思うんですね。ただどのくらい離れているかというのはなかなか測れない。そして民意に沿って行くことはとても難しいことです。

今はとにかく選挙で絶対多数を取ると四年間は何をやろうが勝手だという感じがあります。もちろんこういうことが起きるのは有権者にも責任があるわけですよ。しかし今の政府は、選挙中に経済政策を並べて景気をよくしますと言って票を集めたのですが、一方で戦後レジームの見直しなどとは言わなかったのです。同じようにNHKの経営委員は国会が承認した人事ですから、その経営委員が問題ある発言をしたとき、国会議員は自らが承認したことの不明を恥じてからでないと批判しにくいでしょうね。

今の政権がやっていることが民意と著しく離れていて困ったものだと考えるのであれば、次の選挙で代えるべきです。そういうときに普段からリベラルな人たちがどれだけ努力しているかということを自ら翻って考えなきゃいけないと思います。

――とはいえ民意とは何かということを認識するのも難しいですよ。マスコミの世論調査の数字が民意だとは言えないでしょう。ところが多くの政治家が世論調査の数字を気にして、それに合わせて行動している。

河野　そうですね。そんな世論ばかり気にしていたらポピュリズムになってしまいます。それでは理想も夢もないつまらん政治になってしまうでしょう。だから僕は世論調査が政治を先導するとか、政治が世論調査だけ見て動けばいいなんて全く思いません。ただ為政者は、世論調査などによって自分のやっていることが著しく民意から離れていることに気づくべきです。それに気がつかないようでは、民主主義社会のリーダーとしてはやっぱり不適格なのではないかと思います。

2 谷垣禎一との対話

民主党との対立の果て

谷垣禎一（たにがき・さだかず）

法務大臣
自由民主党元総裁

一九四五年、京都府生まれ。一九七二年、東京大学法学部卒業。一九八二年、弁護士登録。一九八三年、衆議院議員に初当選（当選一一回）。科学技術庁長官、国家公安委員長、財務大臣、自民党政務調査会長、国土交通大臣などを経て、二〇〇九年九月、野党に転じた自民党の総裁に就任。二〇一二年一二月より現職。

民主党の失敗がタカ派を元気づけた

――最近、狭い意味でのナショナリスティックな空気が強まり、月刊誌や週刊誌、あるいは夕刊紙に中国や韓国を激しく批判する見出しが躍り、それが売れて商業的に成り立っている現実があります。強いトーンの見出しになればなるほど売れるのです。こうした今の日本社会をどうご覧になっていますか。

谷垣　私は社会の風潮がこの頃のように過激になる前から保守主義がもっとしっかりしなきゃ駄目だと思っていました。私の言う保守主義の意味は、国民一人ひとりが自分の生まれ育ったところとか所属しているところについて、おおらかな自信を持つことで、今の日本にはそれが必要だと思っています。

かつて中国や韓国に比べて日本経済のパフォーマンスがよかった時期がありますよね。そういうときは日中、日韓間にいろんな問題があっても、日本人はゆとりを持って対応できた。ところが今はそれがなくなり、中国や韓国に追いつめられているというか追い抜かれたとかいうような自信喪失感が社会の空気の変化の背景にあるんだと思います。

安倍晋三さんや麻生太郎さんと争った二〇〇六年九月の自民党総裁選のときに私はそういう問題意識を持っていて、選挙戦で志賀重昂《しがしげたか》の『日本風景論』という本を取り上げました。志賀は明治・大正期の地理学者で衆院議員でもあった人物で、この本は一八九四年に刊行され当時はベストセラーになりました。その内容は日本の四季や風景は欧米その他の土地に比べると優れているというものです。確かに日本は四季に恵まれた非常に美しい国であり、日本人はその自然を大事にしてきました。例えば里山は自然にできたものではなく人々が土地を大事にして共生して造り上げたものですね。我々の先輩たちが努力して造り上げてきたものに誇りや自信を持つ、それが保守主義の核に必要です。

総裁選で私がなぜそういうことを取り上げたかというと、あんまり夜郎自大みたいなことを言ったって仕方がないからです。どうも自分たちの状況が苦しくなると、そんなものが世界に通用するはずがないような極端な主張が出てくるんです。そんな主張だけを吹聴して粋がる人もいますね。もう少し自分たちの身の回りの日常の中にある良さを見直すべきじゃないかと考えたのです。

――谷垣さんの考えと自民党の現状にはギャップがありますね。自民党は二〇〇九年の総選挙でわずか百十九人に減りました。厳しい選挙で勝ち抜いてきたのは強固な自民党支持者を支持基盤とする議員、つまりどちらかと言えばタカ派議員が多かった。つまり野党時代の自民党はハト派議員が減ってタカ派が勢いを増したのではないですか。

谷垣　自民党が変化したと言えばそうかもしれません。二つのことが言えると思います。まず民主党政権の失敗ですね。首相となった鳩山さんは相当リベラルな政策をやろうとしました。

ところが具体的な制度設計や準備が足らなかった。自民党は当然、そうした問題点を攻撃する。鳩山さんには悪いけど、民主党がやろうとしたことや主張していたことがあまりにも軽薄なリベラルだという点を自民党が攻撃したわけです。そして民主党政権は失敗して短命に終わりました。それが自民党の右バネを強化することになったという面がありますね。

今になって考えると政権交代というものは一体、何だったのだろうかということになります。冷戦時代に日本国内で政権交代可能な政治システムを作ろうという議論はほとんどなかった。それは当たり前のことで、自民党と社会党の五十五年体制のもとで、自民党は西側に属することを主張し、社会党は全面的に西側にコミットすることに消極的で非武装中立などを主張していたのだから、なかなか政権交代が可能な仕組みにはなりにくかった。

ベルリンの壁が破れて一九八九年に冷戦が終わると政権交代可能な制度を作れという議論が出てきて細川政権の誕生につながった。自民党にとっては愉快な話ではないのですが、当時はほとんどの政治学者やジャーナリストが選挙制度改革など政権交代を可能にする改革をすべきだと主張していた。しかし、あのときの議論に欠けていたのは対立軸ですね。自民党に代わるものが何かということをはっきりさせなければならない。ところがそれを担うはずの民主党も結局、「僕って何?」ということをきちんとまとめないできたため政権運営に失敗した。自民党は政治的対抗勢力の性質に影響されます。相手方がどうあろうと、俺たちは確固不動とした自民党だというわけにはいかないのです。

――つまりハト派的政権だった民主党があまりにも見事に失敗して短命に終わったことが、逆に自民党内のタカ派を元気づけたということですね。

谷垣　もう一つは、確かに自民党の中でタカ派的な主張が非常に強くなってきました。そこでもう少し違った議論が必要なんじゃあないかという声は多いですが、同時に政党として一つにまとまることが重要だという考えも強いということです。我々は小沢一郎氏らの集団離党など民主党が四分五裂していく過程を見てきましたから、やっぱり政党はあれじゃあ駄目だよなってみんな思っている。タカ派の勢いがいいことに対して党内にはもっと脇を締めていこうとか、あんまり浮ついちゃ駄目だという議論はありますが、多くがやはり自民党は一致団結して最後はまとまっていかなければならないと考えているのです。

――民主党の政権運営失敗が反射的効果として自民党のタカ派を元気づけ、タカ派的な現象を加速させたということですね。

谷垣　まあ、政界再編だと叫ばれていますが自民党には一貫してそれなりの実体があったわけですね。一方で相手方が何だか次第によくわからなくなってしまった。その過程で自民党のタカ派が強くなっていった。そこに問題があるような気がしますね。

民主主義はプロセス重視

――谷垣さんが総裁だったとき自民党は「ネットサポーターズクラブ」というのを作りました。若者や新聞を読まない階層なんかを自民党支持に取り込むことが目的だったようです。当時、自民党は野党でしたがインターネットの世界を引き付けなければならないと考えるほど支持基盤の弱体化に強い危機意識を持っていたんですね。ところがその結果、何が起きたかというと、いわゆる「ネット右翼」と呼ばれる人たちが集まってきたわけです。サポーターズクラブに集まった人たちの主張の一部がインターネットで紹介されていましたが、「左翼政治家は大嫌い」「偏向メディアは信用しない」「大和民族の逆襲が始まった」「反日、在日に乗っ取られるな」などという声が並んでいます。かつての自民党はこういう人たちを相手にしていなかったでしょうね。

谷垣　こういう手段にあんまり頼り過ぎると、二〇〇〇年の「加藤の乱」のときのように失敗してしまいかねないんだよね。このネットサポーターズクラブは熱心にやっていた人がいましたね。まだ試行錯誤の段階ですがこの空間の人たちを放っておくわけにもいかない、何とかうまく組織化できないかとずっと考えていたんだ。もちろん功罪いろいろあると思いますが、同じようなことは他の政党も考えていると思いますよ。ネットの世界にもいろんな考えの人がいると思うんです。だからもう少しいろんな人を集められないかなあと思うんだけど。結局大事なのは多様性です。今のところネットは多様性を確保するということにはあんまり成功してないかもしれないですね。

――谷垣さんが総裁のときに自民党は憲法改正案をまとめました。その過程で話題になったのが西欧流立憲主義についての議論です。タカ派議員らは、憲法は国家権力を制約するためのものであるという立憲主義はもう古いと主張しています。現代において憲法は国民の権利だけではなく義務などもきちんと明記すべきであるというのです。弁護士である谷垣さんの憲法観はおそらく違うのではないかと思うのですが。

谷垣　私は法相として法務省では「法の支配」ということを盛んに言っているんです。「法の支配」と言っても実はいろんな使い方があって、非常にアメリカ的な価値観で言う人もいますが、私は西欧的な立憲主義の意味で使います。だから私は立憲主義というより「法の支配」と言った方がいいと思うんです。要するに権力者も法の下に立つということですね。例えば革命を起こして権力を取った政党の軍隊が法の上に立つというようなことは認めないのです。それからもう一つ大切なことはプロセスの重視です。やっぱり真理がどこかにアプリオリにあるのではなくて、プロセスを通じて正義とか真理を見付けていくというのが「法の支配」という考え方のエッセンスだと思います。

世の中には「自由」というのは好きなことをやっていいことだから、権力からあれこれ言われたくない、放っておいてくれという感じの議論がありますが、これこそ古いと思います。自由主義にはそういう面があるかもしれませんが、そればかりを強調すると社会を支えられないですよね。放っておいてくれではなく、みんなが参加するプロセスが重要だという発想が「法の支配」とか「立憲主義」には必要です。

――タカ派の人たちは憲法について国民の義務をはっきりさせることに力点を置いた主張をしていますね。

谷垣 それはプロセスを通じて作っていくものじゃないですか。そういう視点が大事だと思いますよ。国家を縛るだけではなくて、みんなで支えるんだけどどうやって支えていくのかはプロセスを通じて発見していくものでしょう。要するに民主主義そのものがそういうプロセスを重視するものなのです。「デュー・プロセス（due process）」という言葉があるように民主主義はプロセスを通じてみんなで作っていく、発見していくというものです。

宏池会が分裂した理由

――自民党内派閥の中で谷垣さんが属していた宏池会はハト派を代表する派閥でした。

谷垣 私はハト派とかリベラルという表現はあんまりよくわからなくて、自分たちのことは保守とか保守本流だと考えています。

――宏池会は吉田茂元首相の流れをくんだ自民党の中核的派閥の一つで、国際協調路線や軽武装・経済重視の政策を打ち出して政府の政策に影響力を持っていました。ところが今、宏池会は麻生太郎元首相のグループ、岸田文雄外相のグループと谷垣さんのグループに分裂して、力を弱めています。なぜ、こうなってしまったのですか。

谷垣　なぜそうなったのかわからないけれども、やっぱり政治というのは権力闘争の世界ですから、そういう中で派閥が分かれるということはありますよね。宏池会は二〇〇〇年の「加藤の乱」で加藤紘一さんを支持するグループと、加藤さんに反発したグループに分かれてしまった。しかし宏池会的なものが大事だと思い反加藤の古賀誠さんと話して二〇〇八年に大同団結して一緒になったんだけど、結局なんか収まりが悪くなっちゃって二〇一二年に再び分裂してしまった。

――元々、宏池会は政策に通じた議員が多いのですが、お公家集団と呼ばれるくらい権力闘争が上手ではなかった。その宏池会が「加藤の乱」で権力闘争の前面に立ち、失敗して分裂して今に至るわけです。その過程には自民党総裁選をはじめいろんな問題があったでしょうが、同時に時代の流れとして必然性のようなものがあったんでしょうか。

谷垣　ハト派が弱くなったと言われていますが、憲法改正問題一つ見ても制定から六十年、七十年も経ってくれば、当然、見直す余地は出てくると思いますよ。だから同じ「改憲」であってもその意味合いは昔とはずいぶん変わってきていると思います。時代がどんどん変化していく中で憲法改正についてもどういうことを軸としてやっていくのか、相手方の軸も定まらなかったわけだけど、自民党も相当いろいろあってここまで来たわけです。

――かつて自民党内で圧倒的な力を持っていたのが田中派・竹下派でした。この派閥も分裂し衰退していった。それを歴史的に見れば、国家財政が厳しくなったため田中派・竹下派が得意としていた利益誘導政治が難しくなっていったタイミングと軌を一にしています。入れ替わりにタカ派的な思想性を比較的前面に出してきた清和会が、森喜朗、小泉純一郎、安倍晋三、福田康夫氏と連続して首相を出してきました。同時に宏池会も分裂していったわけです。そこには経済や財政状況などを反映した変化があるようにも見えます。

谷垣　法務省に来てつくづく思いますのは、政治には二つの側面があるということです。財務大臣をやりますと予算編成が最も重要な仕事です。これは要するに経済的な利害をどういう風に配分していくかという仕事で、様々な議論があり争いがあるわけですけど、悪い言い方をすれば最後はカネで解決できるのです。

　ところが法務大臣になると例えば家族とは何かとかいうことが問題になるのです。二〇一三年に女性から男性に性別を変更した夫とその妻が、第三者の精子提供を受けて出産した子どもを嫡出子とするよう求めた裁判で、最高裁がそれを認める判決が出ました。それまで法務省は「夫に男性としての生殖能力がないのだから子どもとの血縁関係がない」として、性別を変更した男性と子を法律上の親子とは認めていなかった。判決を受けて今後は「嫡出子」として戸籍に記載することにしました。

　こうなってくると家族とは何かというかなり哲学や思想の問題になってくるのです。あるいはテロ対策をどうするかというのはかなりイデオロギーの問題になってきて、カネで解決する話ではなくなります。

さきほどの派閥の変化の話に戻ると、自民党内で思想を問題にするとどうしても争いが生じるわけです。そこで戦後の日本の再建にあたっては思想の問題を大きく捨象して、西側の世界に属するという大掛かりな括りの中に入れてしまった。そういう中でやってきたのです。ところが政治の世界も日本社会も、それだけでは済まない現実に直面するようになってきたんだと思います。例えば尖閣諸島や竹島という領土問題もそうですが、要するに経済政策だけでは処理できない問題にかなり直面せざるを得なくなってきたのです。たまたま私が財務大臣と法務大臣の二つを経験しているから、財務省と法務省の体質というか難しさが違うことを感じているのです。

国際協調路線は間違っていない

——確かに高度経済成長時代は財政で多くの問題が解決できたでしょうね。それが今日は難しくなっているわけです。しかし、そういう変化があっても、保守本流の中核である国際協調主義というのは変わらないのではないですか。

谷垣　間違ってないと思いますね。

——現実に日本が今置かれている状況を見ると、日中、日韓関係は共に最悪の状況ですし、日米関係も少し揺らいでいるようにも見えます。相手のあることですから、単純に日本の対応だけが間違っていたとは言えません。しかし、国際協調主義の観点から言うと極めて良からぬ状況にあります。

谷垣　この問題にはいろいろな背景が考えられます。中国が政治的、経済的、軍事的に自信をつけてきたこともちろんあると思う。第一列島線、第二列島線という言葉が語られるように中国の政策は外に向かっています。領土についても尖閣を巡る争いだけでなく南シナ海ではベトナムやフィリピンなどとも争っています。そういうことが緊張感の背景にあるので解決はなかなか難しいですね。

歴史認識については中国の場合と韓国の場合ではかなり違うような気がするんです。歴史には学問あるいは科学という面がありますが、中国の場合は国家権力の正統性を説明するためのものという意味があります。従って歴史認識を共通にしようとしても簡単にはいかないでしょう。

それから日本が独自の歴史観を持つのは当然ですが、問題はそれが他の国から見るとどう見えるかということを意識することが必要です。日本人の中で、あるいは中国の場合だと中国人の中ではそうだよねというようなことばかりじゃあしょうがないんで、やっぱり外から見たときどう見えるのかということが大事です。自分たちの考え方をできるだけ普遍的な論理で語るということも必要じゃないかと思いますね。

——個別の問題について伺いますが、谷垣さんは、日本は侵略行為と植民地支配をしたという認識ですか。

谷垣　まあ、それはそうでしょう。当時の日本にはいろいろ言い分はあるにしても、よその国に軍隊を持っていってやっているわけだからね。

——東京裁判は戦勝国が敗戦国を裁いたもので法律的に問題がありとても受け入れられないと主張する人たちがいます。またA級戦犯は国のために尽くした英雄であるという言い方をする人もいます。しかし、歴史的事実で言えば、日本政府はサンフランシスコ平和条約で東京裁判の判決を受け入れており、それによって日米安保体制を含む戦後の国際秩序ができ上がり日本もそれに加わってきたわけです。これを今さら卓袱台返しするなんてとてもできる話じゃないと思います。

谷垣　日本がサンフランシスコ平和条約を受け入れて国際社会に復帰して、それで何とか戦後の日本の秩序を作ってきたということは厳然たる事実ですよね。ただやっぱりそこには一種の割り切れなさがあるのも事実だと思いますよ。例えば東京裁判では刑事裁判の基本原則である不遡及の原則が無視されている。今でこそ国際的に様々なルールができ上がっているけど、当時はまだそういうのがなかった。だからまさに勝者が敗者を裁く裁判であったという側面もそれはあったと思いますよ。

ただ東条英機元首相たちは従容として刑を受けたのだと思います。それは何かというとやっぱり責任を負う者がいなきゃいかんと東条さんはお考えになったんだと思いますよ。だから東条さんたちの裁判があれでいいんだという理屈にはならないかもしれないけど、やっぱり当時そういう風に考えた人もいたということは大事です。

――小泉純一郎さんは首相のとき、「A級戦犯は国際法上、戦争犯罪人である」と明言していました。日本政府ももちろんそう言っています。しかし、それに抵抗感を持っている人もいます。

谷垣　まあ、日本は東京裁判を認めたわけですからね。もちろん国際法のルールが本当に万古不易なものであるのかどうかよくわかりませんし、私の気持ちの中には東京裁判が勝者の裁判であるという気持ちがないわけじゃないですけど、やっぱり判決を受け入れて戦後の秩序を作ってきたわけですからそのことを忘れるわけにはいかない。

歴史認識にはおおらかさが必要

――その東京裁判で死刑の判決を受けて処刑されたA級戦犯らが一九七八年、密かに合祀されました。このことが現在の外交関係を複雑にしている要因の一つとなっています。そもそも靖国神社は日本のために「天皇の赤子」として戦い戦場に散った人を祀るところであり、だから天皇は頻繁に参拝されていました。ところがA級戦犯が合祀されて以降、昭和天皇は一度も参拝していませんし、現在の天皇も参拝していません。そして首相の参拝が政治・外交問題になってきました。

谷垣　私は京都府遺族会の会長なんですよね。そして私は戦争の終わった昭和二十年に生まれました。親族を含め私の周りには戦争に行って亡くなり靖国神社に祀られている方がたくさんいます。ちょっと広げればどこの家庭にも親族などに戦死者がいたのです。そういう中で子どもの頃、靖国神社にお参りに連れて行かれた記憶が頭の中に残っています。

今、私は閣僚ですので、その立場で靖国神社の神様についていいとか悪いとかはあまり言わない方がいいかなという気がします。私自身は政治家になってからも時々、参拝していますよ。閣僚として参拝したこともあるんです。だけど八月十五日とかいう日にみんなと一緒にということはしません。そうでないときに参拝します。一九九七年、橋本内閣で科学技術庁長官として初めて閣僚になったときには翌年の元日にお参りしたんです。誰もいなくて、何も言われませんでしたね（笑）。

――仮に首相になったら、さすがに参拝しにくいでしょう。

谷垣　二〇〇六年の自民党総裁選のとき、当時も日中、日韓関係がかなり悪かったですから、私は参拝しないと言いましたがね。

――日韓間で最大の問題の一つが従軍慰安婦問題となっています。日本国内では軍によって強制的に連れて行かれたかどうかなど強制性の有無が焦点になっています。しかし仮に強制性がなかったとしても、だからと言って日本を正当化できるとは思いませんし、そういう理屈は国際的には通用しないんじゃないかと思います。

谷垣　国家そのものが強制したかしなかったかという点について、もしも強制しなかったものをしたと言われたら困るんです。だから強制があったかなかったかというような議論をしたっていいですが、問題は「じゃあ、今の日本人はああいうことを肯定しているのですか?」ということじゃあないでしょうか。なるほど戦争となると他の国だって似たようなことがあったと思いますよ。だからと言って日本のやったことを正当化できるものではない。大事なのは今の日本の価値観では慰安婦のようなことは認められないということです。そして強制だったかどうかは別として、現実にそこで悲惨な生活を送った女性がいたのですから、その人たちに対して申し訳なかったという謝罪の気持ちを持っていること、それがまず前提にあるべきでしょう。はじめから強制があったかなかったかということだけを議論すると、外国から見ると、日本は強制性がなければ慰安婦を認めているんだなという印象を与えかねない。強制性の有無の議論をしている人たちが今も慰安婦を認めてるというわけじゃないと思いますが、この議論だけだと誤ったメッセージを外国に送ってしまうということです。

――植民地支配や侵略をいろんな理由をつけて正当化したり、首相の靖国神社参拝を内政問題であるとして、批判する側がおかしいんだというような言論が最近、非常に元気になってきています。そのためアジア諸国はもちろん、米国のみならずヨーロッパ各国の政府や有識者が、一体日本はどこに向かっているのかと非常に懸念し始めています。

谷垣　それぞれの国にはそれぞれの歴史の見方があるのです。同じ歴史的出来事について日本の見方と韓国の見方、あるいはイギリスの見方が違うのは自然だと思います。学校で教える歴史は当然、異なってくる。大事なことは外からどう見えるかを考えることです。同じ事柄についても国によって違う主張があるのであり、それがどう違うのだろうかと考えることが重要なのです。

国会だって外交だって同じですが、ある事柄について違う見方をするからといって相手をぶん殴っていたのではやっぱりおかしくなってしまう。自分たちとは異なる多様な議論があるのを認めるおおらかさが大事なんです。

事実関係だっていろんな見方がある。日本から見ればこう見えます、しかし、韓国からだと別の姿に見えるんですね。でもこの事実は違いますよ、というような議論をしないと駄目で、最初から自分たちの見方以外は全部認めないというのでは話にならない。しかし最初に申し上げたように、自分の足元に対する自信が持てなければ、相手の主張におおらかに対応することはなかなか簡単ではないんです。

——今の自民党にそういうおおらかさがありますか。民主党の失敗を見た反動で結束して、その結果、かつてのような多様性を失ってモノトーンになっているように見えます。

谷垣　自民党内にはいろんな流れがあります。いろんな動きがあり、いろんな顔色をしている国会議員がいますよ。

――派閥全盛時代の自民党のすべてがよかったとは思いませんが、かつては党内が主流派と反主流派に分かれて激烈な権力闘争を繰り返していました。場合によっては入閣拒否とか閣僚総引き揚げとかもやっていました。それでも反主流派が離党したり分党することはありませんでした。今の自民党にはかつてのようなエネルギーはないのでしょうか。

谷垣　まあ結局のところ、やっぱり戦うときになかなか一人では戦えないんですよ。かつてはしっかりした派閥というものがあったからそういうことができたのでしょう。それと小選挙区制が派閥と議員を変えましたね。小選挙区だとどうしても選挙区内の有権者全員の支持を得ようとするようになる。中選挙区だと自民党の候補者が何人もいるから、ある意味で自分はこういうスタイルで行くということができる。またこういう支持者に支えてもらいたいんだという選択もできた。そして派閥が国会議員の自由をある程度担保している面があった。そういうことは小選挙区ではやりづらくなっているという気はします。

――さきほど話されたように、カネで解決できる時代からイデオロギーや思想性が出てくる時代になると、政治家一人ひとりの行動がますます問われるのではないですか。

谷垣　思想性というのは足して二で割ることはなかなかできないですね。だからと言って、違う意見の相手を徹底的に批判、非難する血で血を洗うようなことをしては宗教戦争の時代のようなことになってしまいます。それではやっていけない。みんながもう少しおおらかになれよと言いたいです。

対話を終えて

元衆院議長の河野洋平氏と法相の谷垣禎一氏にはいくつかの共通点がある。自民党総裁を務めたが、ともに野党時代の自民党の総裁だった。総選挙敗北で元気を失った自民党の立て直しに尽力した後に再選を目指したが、党内権力闘争の中で総裁選への立候補断念に追い込まれてしまい、「首相になれなかった総裁」として記録されている。さらに二人とも自民党内ハト派の代表的な政治家である。

しかし、政治家としての行動スタイルは対照的である。河野氏は行動的な政治家である。ロッキード事件などを理由に自民党を離党し新自由クラブを結党したが、党勢が衰えたため自民党に復党し党内派閥の宏池会に所属した。その後、派閥後継会長争いで加藤紘一氏に敗れ、今度は派閥を離脱し自らに近い議員を集めて河野グループを結成した。率直に意見を言い筋を通す政治家である。それが党内に多くの敵を作ることにもなり、首相就任がかなわなかった。

これに対し谷垣氏の言動には河野氏のような派手さはない。初当選後、宏池会に入り着実に当選回数を重ね、党や内閣の主要ポストをこなしてきた。どちらかと言えば優等生タイプの谷垣氏の名が広く国民に知られるきっかけになったのは、二〇〇〇年秋、宏池会会長だった加藤氏が野党提出の森喜朗内閣不信任案に賛成しようとした「加藤の乱」だ。「あなたは大将なんだから、独りで突撃なんて駄目ですよ」と加藤をひきとめる谷垣氏の姿がテレビで放送され視聴者に強烈な印象を与えた。しかし、「加藤の乱」がきっかけで宏池会は分裂し弱体化していった。

河野、谷垣両氏とも自民党ハト派勢力の中心的役割を担ってきた政治家であるが、活躍した時代は異なっている。河野氏はハト派全盛期とも言える一九七〇年代から八〇年代を知っている。タカ派と言えば「青嵐会」のような激しい集団行動を連想するが、当時はタカ派よりはハト派の方が徒党を組み、対中政策などでタカ派的対応をする党執行部を集団で突き上げていたという。

それほど党内で力を持っていたハト派はやがて衰退していった。その理由について河野氏は、求心力ある中心的な人物がいなくなったこと、小選挙区制導入などで派閥が弱体化し党全体に幅がなくなったことなどを指摘している。そして河野氏は自民党ばかりでなく日本社会全体も右傾化していると危機感を募らせている。

谷垣氏は二〇〇九年総選挙で自民党が大敗した直後という苦しい状況で自民党総裁に就任した。谷垣総裁の下で自民党は独自の憲法改正案をまとめるなど明らかにタカ派が力を増していった。その背景について谷垣氏は民主党政権の崩壊や民主党そのものの分裂を挙げる。鳩山内閣がリベラル色の強い政策を掲げ、自民党はそれを批判する立場で結束していった。そして民主党政権が短期間で崩壊し、さらに小沢一郎氏らの大量離党による民主党の分裂など一連の混乱を間近で見て、政権維持のために内部の争いを避けるという力が働き、自民党内の「右バネ」が勢いづいたと分析している。

共にハト派らしく、外交における国際協調、自国の歴史についての謙虚な姿勢などを強調する。そして現状を憂いている点も共通している。これから先の展望はあるのか。河野氏は、時代が一つの方向に向かうと必ず逆の方向の力が働き押し返されると言う。谷垣氏は意見の異なる他者を受け入れるおおらかさが大切であると言う。日本人の持つバランス感覚を信じているのであろう。

第三章

外交の現場から

岡本行夫

玄葉光一郎

川口順子

1　岡本行夫との対話

一国平和主義の幻想

岡本行夫（おかもと・ゆきお）

外交評論家
ＭＩＴ国際研究センター　シニアフェロー

一九四五年、神奈川県生まれ。一九六八年、一橋大学経済学部卒業、外務省入省。北米一課長などを務め一九九一年退官。同年、岡本アソシエイツ設立、代表取締役就任、現在に至る。橋本龍太郎内閣で一九九六年一一月から一九九八年三月まで内閣総理大臣補佐官（沖縄問題担当）。小泉純一郎内閣で二〇〇一年九月より内閣官房参与、二〇〇三年四月から二〇〇四年三月まで内閣総理大臣補佐官（イラク問題担当）。立命館大学客員教授、東北漁業再開支援基金・希望の烽火代表理事。

変化する米国

――小泉内閣時代の二〇〇二年に岡本さんが座長を務めた首相の私的懇談会「対外関係タスクフォース」の報告書には、アメリカと中国について次のようなことが書かれていました。当時のブッシュ政権については、「超大国（スーパーパワー）から極超大国（ハイパーパワー）になりつつあるアメリカでは、反対意見や異なる価値体系に対する寛容の精神が弱まりつつある。米国は圧倒的な力をもってこの矛盾を抑えこんでいるが、そのために米外交の道義性が弱まる可能性もある」と述べて、政権内で強い力を持った新保守主義者ら「ネオコン」を批判的に捉えていました。また中国に対しては「軍事力の増強は日本と周辺アジア諸国にとって深刻な脅威となる可能性がある。特に最近の中国海軍の日本周辺における遊弋《ゆうよく》は、日本国民に不安を与えるものである」と述べています。

ネオコンの考え方の分析などとても印象的でしたが、オバマ大統領の下での米政権の姿は当時とはかなり違ってきています。一方、中国を巡る状況は報告書の予想通りというか、それ以上に深刻な状況になっていますね。

岡本　アメリカと中国のその後の展開の違いは、民主主義国家と一党独裁制国家の違いですね。民主主義国家というのは、政権が一つの方向に走るとそれに対する反動が出てくる。大勝した政党が次の選挙でしばしば負けるのです。日本の政権交代もそうですが、アメリカも同じでブッシュ政権のように一つの方向へ揺らぎ過ぎると反動で逆の方向に向かうのです。その結果、アメリカはずいぶん変わりましたね。

だからと言って僕はオバマ大統領が決してベストの大統領であるとは思いません。話は上手だけれども、国家全体や世界全体の利益を考えた上で戦略を描いて実行している人なのかという疑問が付きまとっている。

そもそも一国の外交や政策は属人的な面が非常に大きく、特に代議制民主主義国家は指導者のスタイルでかなり変わる。アメリカも大統領によって政策が変わる。

ですからアメリカが政権党の違いをこえて長期的にどこに向かっているかを知るには、時の大統領が何をしようとしているかよりも、アメリカの社会構造や経済の変化を見なければならない。そういう観点から言えば、僕はアメリカという国は本来あるべき進歩の方向に向かっていると思っています。

アメリカの本質を言えば最初に「多様性」をあげることができる。多様性の成果は人口増にも表れている。国家が開放的な政策を取っているため今も外国人が流入してきていて、二〇五〇年の人口は四億二千万人になると予想されている。同じ時期に日本の人口は九千三百万人に減っていると予想されていますから、日本ももっと外国人を受け入れて人口を伸ばしていくべきだと思う。

それから多様性のすごさというのは、技術にしても社会構造にしても変化を受け入れて前に進む力があるということです。多種多様な発想や価値観、文化などを一つのプラットフォームにまとめて初めて新しい発展が実現する。これは日本人が不得手とするところですよ。日本人は民族の同質性に頼って、「以心伝心」とか「阿吽の呼吸」、あるいは「暗黙知」とかいうものの中にすべてを押し込んできた。

アメリカのような多民族国家、多様性のある国家ではそういうものが成立しないから、全部の要素をテーブルの上にさらけ出して議論しながら新しい合意を形成し、プラットフォームを作っていく。その統合の過程で技術も文化も何でも前へ進むのです。だからアメリカというのは強い国だと思う。

日本の「業」、アメリカの「業」

――ずいぶん、アメリカに対する評価が変わりましたね。

しかし、現在のアメリカは政治分野では財政危機への対応で民主党と共和党が対立し、政府機関が閉鎖に追い込まれるなど二極分化が激しい。共和党と民主党の間でイデオロギー的対立が激しくなり、かつてのような中間的な勢力による合意形成モデルが成立しなくなっています。確かに人口は増えているし科学技術など様々な分野での発展を続けていますが、今のような深刻な対立を抱えたままで健全なシステム構築に向かうのか、疑問は残りますね。

岡本　まあ、どこの国にも「業」みたいなものがあるわけですね。どの国も国民性には負の部分がある。

日本の「業」と言えばとにかく改革や変化に対する抵抗の強さです。成田空港は開港から三十数年経っているが、いまだに当初計画した滑走路ができてない。東京の環状七号線（環七）は構想が公表されてから完成までに約六十年、環状八号線（環八）は約八十年かかった。とにかく前へ進むのが苦手な国民です。

一方、アメリカの「業」は行き過ぎた個人の利益追求ですね。とにかく競争相手を叩きのめしてナンバーワンになろうとする。勝者に対しては寄付金に広範な免税措置を与えて、社会のために寄付してもらう。僕の親しいある友人は収入の六割を慈善団体などに匿名で寄付している。しかし、全体として見れば、行き過ぎた個人主義の結果、自分たちへの利益誘導になりふり構わないところがある。

政治の世界で言えば自分に都合のいいように選挙区の区割りをする「ゲリマンダリング」がそうです。下院の選挙区には南北十キロに東西二百キロというものまでありました。その結果、多くが圧倒的に民主党有利な選挙区と、圧倒的に共和党有利な選挙区に分かれてしまった。そうなると重要なのは本番の選挙ではなく、その前に選挙区ごとに各党が行う予備選挙に勝つことになっていき、同じ政党の候補同士が争うため、極端な主張をしている方が有利になっている。つまり、民主党の超リベラル派と共和党の超保守派が有利になる。そうやって選ばれた人が議員になっていくわけですから、民主主義が本来目指している最大多数の意見を集約する政治ができなくなっています。

行き過ぎた個人主義の弊害はもう一つあって、最近のアメリカでは個人の収入や身分の固定化が起きている。格差が拡大したため下の人が上へ上がることが難しくなってきている。貧しい人はずっと貧しいままのため、政治的には民主党を支持し続けるなど支持の固定化にもつながっている。以前は所得が増えると共和党に転換する人も多かった。人口全体を見ると貧しい人たちの方が多いわけですから、共和党が大統領を奪回するのは難しいのではないかとさえ言われている。

中国を見誤っていた

――「タスクフォース」は中国について、軍事力の強化とその不透明性、さらに周辺国に与える安全保障上の脅威を強調した上で、「政府は安保対話の場などを通じ中国側にその透明性を強く求めてゆくべきである」と提起しています。しかし、この十年間の中国の動きを見ると、政治、経済、軍事の面で力を増し、それを背景にアメリカ支配の下で構築された世界秩序を自国に都合のいいものに変更しようとする行動に出ています。

つまり、アジアを舞台に米国とのヘゲモニー争いを展開しているわけですね。これはとても深刻な問題です。

岡本　対話を進めるべきだというのは当たり前の話ですよね。しかし、対話によって状況がいい方向に進むという感じを当時、僕が持っていたとすれば、多分持っていたんでしょうが、それはちょっときれいごと過ぎましたね。

おそらくその頃、僕は中国の困難性を過小評価していたんですね。中国国内の不満が大きくなるよりも、経済が豊かになるペースの方が速いと思っていたが、現実はそうならなかった。既に中国経済は成長のスピードを落とし人々の不満が増えている。公表されていませんが、百人以上が参加するデモの数は年間十八万件と推定されてます。毎日、中国各地で約五百件のデモが行われているというわけですから、中国の指導者であれば安眠できない状況だと思います。そんな状況下で国民を一つにまとめ、共産党支持を維持するための手段の一つが対日関係の操作です。ここのところを僕はもう少し楽観的に見ていた。

それからもう一つ、予想以上の速さで来たのが中国の若者たちのナショナリズムと自信ですね。これは教育の効果です。日本と異なり中国の若者は多様な情報や考え方に接することが少ないため、学校時代の教育に染まってしまう。学校で反日を教えられた若者たちが心の底から日本を嫌いになってきている。

そうなると中国との関係を対話で前へ進めることは難しい。対話で中国が変わることは期待できない。中国にとって対話というのは形式的な意味しかないから、日本がいくら情理を尽くして説得したとしても中国は変わらないでしょう。日中両国政府は「戦略的互恵関係」を合意しているが、それで中国が何か日本に譲ったかといえば何もない。妥協して日本と合意に至るといったことは一回もない。

——現状は確かに厳しいかもしれません。しかし、日中関係が一貫して厳しかったわけではないです。民主主義国であろうがなかろうが、指導者によって外交政策は変わります。

中国で言えば江沢民元国家主席と胡錦濤前主席では対日姿勢は全く違っていた。胡錦濤主席は日本との間で戦略的互恵関係の構築に合意し、東シナ海の海底ガス田の共同開発などを進展させました。ところが中国国内では江沢民氏を支持するグループの力が強く、胡主席の国内的政治基盤が十分ではなかったために実行に移せなかった。そして残念ながら、現在に至るも対日関係を改善しようという勢力が力を持っていない。さらに国内の不安定要因を解消するために、「反日」という対外ナショナリズムを活用している面もあるでしょう。

一方、この十年間、日本の外交、安全保障環境は大きく変化し、それに対する政治や国民の反応は次第に感情的、情緒的な反発に傾斜してきています。過激な短い言葉で相手を批判し憂さを晴らすような傾向ですね。

岡本　まことにやるせない話ですね。さきほど話したようにアメリカは社会の多様性という点では成功したけれども、行き過ぎた個人主義を抱えている。中国は江沢民主席の反日教育で怪物を作り出してしまった。

そして日本には日本の問題がある。軽佻浮薄文化が進行して、単線思考、知識の浅さなどの問題を抱えている。

日本も戦後の教育は失敗していると思う。特に「ゆとり教育」の結果、子どもたちに基礎的な教養が身に着いていない。お行儀のいい生徒たちを作る方向に力点が置かれ、見事に成功した。僕は大学で講義しますが、試験をするとみんな当たり前のことをきれいに書いてくるけど、知的な深みがない。それに拍車をかけているのがネット文化です。断片化された情報が飛び交っているが、それでは深い思索の体系に至ることはできない。若者は処理する力は抜群にあるが、物事を考えたり批判したりする力を失ってきている。そしてネット空間は匿名性の後ろに隠れて悪口、足の引っ張り合い、妬みの壮絶なる凝縮物になっている。

これだと自分の考えがないから無批判に一つの方向にぱっとみんなが染まってしまいやすい。僕は日本全体が右傾化しているとは思わないですよ。だけども、中国や韓国の対日姿勢に対する反動として激しいものが出てきて、それが一つの方向にまとまりやすい状況になっていると思う。

——問題の原因を若者だけに帰すことはできないでしょう。ことさら反中、反韓を声高に叫び、狭隘なナショナリズムを叫び、伝統や文化、家族が大事だと主張しているのは一定の年齢層以上であり、自民党などの保守的政治家ですよ。

岡本　いつの時代にもそういう保守の政治家はいますよ。

小選挙区制が日本を変えた

――この二十年ほどの間に保守系の政治家が存在感を増しています。かつての自民党は、代表的な保守系政治家の中曽根康弘首相のときでも党内にもっと活発な議論がありました。当時官房長官を務めた後藤田正晴氏がバランス感覚のある政治家でした。

「保守」に対する「リベラル」という言葉の定義も時代によって変化しているかもしれませんが、そういう勢力の声が聞かれなくなり、自民党も世の中も次第にモノトーンになってきていますね。

岡本　自民党について言えば、外交政策は田中派と福田派が対立していた。外務省の立場から頼りになったのは現実主義的だった田中派でした。ところが小泉純一郎首相が「自民党をぶっ壊す」と言って、要するに旧田中派をつぶした。その結果、福田派、現在は町村派の天下になって、外交については巧みさと現実感が後退した。自民党内のリベラル勢力と言われた宏池会が弱体化したこともありますが、やっぱり田中派の壊滅が外交にとって影響が大きい気がします。

――一九八〇年代に日本の歴史教科書の記述に対し中国や韓国が抗議をしてくるという教科書

問題は二回ありました。

一回目は一九八二年の鈴木善幸内閣のときで、教科書検定基準に「近隣のアジア諸国との間の近現代の歴史的事象の扱いに国際理解と国際協調の見地から必要な配慮がされていること」という近隣諸国条項を付け加えました。二回目は一九八六年の中曽根内閣のときですが、中曽根首相自身が教科書の修正を指示しました。今からすると考えられないような柔軟な対応ですが、国民から強い批判は出なかった。当時の自民党や日本国内の空気には、それだけ包容力や寛容さがあったということです。それは日本国民の自信の裏返しでもあったのでしょう。

今は逆ですね。二〇一三年に文部科学省は、歴史的事柄に関する政府見解を教科書に記載するよう求める教科書検定基準の改定を打ち出し、また自民党は近隣諸国条項の見直しを主張しています。外に対する姿勢がどんどん狭量になっています。

岡本　やっぱり小選挙区制の罪は大きいと思いますね。小選挙区制の結果、ファッション性とか格好いい人とかタレント性があるとか、そういう人に票が集中するような文化ができてしまった。その結果、知名度とかルックスとか、実力がないのに風に乗ろうという人たちがたくさん国会議員になってしまい、まともな人が立候補しにくくなった。連動して、国会の議論の質も落ちてしまった気がしますね。小選挙区制というのは思ったよりも大きいマイナスをもたらしたと思います。

憲法改正の前にやるべきことがある

——日中関係の悪化など日本の安全保障環境が緊張している中で、集団的自衛権に関する憲法解釈の見直しなど安保政策の議論が活発化しています。これまで十分な議論と政策の見直しをしてこなかった面はありますが、昨今のやり方には日中関係が緊張を高めているこの機会を生かして、年来の懸案を一気に実現しようという便乗的な側面があります。

岡本さんは集団的自衛権の憲法解釈の見直しは支持されているようですが、安全保障政策の根幹部分を憲法改正ではなく政府見解で変えることには疑問を感じます。やるならきちんと法改正をするべきで、そのときの総理大臣の判断で根幹部分の政策が百八十度変わるのは政策の安定性を損ねます。

岡本　僕は集団的自衛権についてのこれまでの解釈を安保政策の背骨とは思っていない。逃げる国会答弁が積み重ねられてきただけの話であり、それを変える勇気のある政治家がいなかったという話です。間違ってきたんだから、ボタンをもう一度正しくかけ直しましょうと言っているわけで、そのために洋服までは変える必要はない。憲法改正は必要だけど、その前にすることがある。まず、あまりにも明々白々におかしくなっているところを早急に変えるべきです。

時の総理大臣の意向で簡単に変えちゃいかんと言うけれども、それじゃあ時の内閣法制局長官の意向で決めていいのだろうか。官僚時代に僕も内閣法制局の法案審査を何度か経験したが、極端に言えば句読点をどこに打つかで延々と議論する役所だ。そういう特殊な立法技術に生きてきた役所が、今までの間違った国会答弁との整合性を維持してきたため、あるいは特殊な憲法解釈に身を委ねてきたため、日本という国はこんなにも国際的に通用しなくなってしまったのだと思います。

――解釈を見直すべきだという人たちは、憲法改正をしようとすれば時間ばかりかかって実現しない、現実味がない、だから解釈改憲でいいと言う。しかし、日本は法治国家であり議会制民主主義国家ですから、きちんとした手順を踏んで政策を決めていくべきだと思います。

岡本　僕は圧倒的な現実主義者ですから、とにかく一番必要なものから手を付けていくべきだと思う。憲法第九条は、今のところは神棚に祀っておいてもいい。少しホコリをかぶっているのできれいにしなきゃいけないけど、それよりも先にやらなきゃいけないことがあって、それが集団的自衛権の解釈の見直しです。

「安全保障の法的基盤の再構築に関する懇談会」が二〇一四年五月にまとめた報告書で提示した集団的自衛権に関連する十数の事例について言えば、「同じ国連PKO等に参加している他国の活動に対する後方支援」、いわゆる「駆け付け警護」は実際に自衛隊の活動で必要になりますが、「米国に向かうかもしれない弾道ミサイルの迎撃」などは当たり前の話ですから放っておいてもいいと思ってるんですよ。議論すること自体が情けないくらい。

それよりも現実には憲法や集団的自衛権の行使とは関係ない問題があります。例えば今、イラクのバグダッドには約三十の各国大使館があって、ほとんどの国は自国の実力部隊が大使館を守っていますが、日本は無理です。日本大使館を警護することは自衛権そのものですが、自衛隊員を危険なところにさらしてはいかんということで、その可能性はない。あるいはスーダンＰＫＯへの自衛隊ヘリの派遣も、憲法上は問題ないが、できない。こういう問題は首相の判断で克服できることです。

つまり自衛隊に関しては国全体が超安全主義になっている。こういう発想から変えていくべきですね。

一九九一年の湾岸戦争のとき、当時は日本嫌いのベーカーさんが国務長官だったが、アメリカでは資金援助しかしない日本に対する批判が一気に吹き荒れました。内閣法制局が集団的自衛権について一番硬い見解を出してきた。さらに日本政府のお役人があまりにも勇気がなくて野党からの批判を恐れて何も言わなかった。例えば政府船舶による米軍物資の輸送。僕に言わせれば、憲法改正は必要だけども、そんなことよりもっと先にやらなきゃいけないことはいっぱいあるんですよ。

日本は押し込まれている

――現実を見ると、中国の公船が頻繁に尖閣諸島周辺にやってくる。さらに中国は突然、広範囲な防空識別圏を設定して一方的に通告してきた。そうなると日本国内は中国けしからんという空気が強まり、対中強硬論がもてはやされます。岡本さんの考え方はタカ派なんですか。

岡本　タカ派の定義によるでしょうが、強い国防、原発再稼働、自衛隊の装備拡充、防衛予算増額などに賛成することがタカ派であるならば、僕はタカ派ですね。外交について中国や韓国に対して毅然と対応しろということがタカ派であれば、やはり僕はタカ派ですね。

しかし、歴史認識問題について言えば僕は逆にリベラルです。歴史への対応については、日本は改めるべきところがあると思っています。そういう意味ではハト派、あるいはリアリストですね。

尖閣問題は日本が百パーセント正しいのに、押し込まれてきている。外務省の責任もある。外務省にとっては「日中間に領土問題は存在しない」と言い続けるのが一番楽で、ずっとそれだけを言ってきた。その間に中国はどんどん「尖閣は中国の領土である」と国際キャンペーンをやってきた。

世界には領土問題が百二十くらいあると言われていますが、その中でも尖閣問題くらい明々白々に一方の当事者、つまりわが国に有利なケースというのはない。ところが中国のキャンペーンが功を奏して、今や国際社会では、特に主戦場であるアメリカでは、どっちもどっちということになってきている。

僕はしばしば米国各地で講演しますが、聴衆は尖閣について日本語の発音ではなく中国語の発音で言及します。そのぐらい中国の主張が浸透してきているのです。だから中国は強気になって尖閣の中立化を実現できると考えているのではないでしょうか。防空識別圏の問題もそういう流れの中で出てきた話です。しかし、中国が日本の言うことなんか聞くわけがないですから、結局日本はアメリカと一緒にやっていくしかない。

日本政府はそこをよく考えてほしい。官僚の中にはアメリカ政府に対して「尖閣問題でアメリカがどう対応するかが安保条約の試金石だ」と言う人もいる。その発想は間違っていますよ。尖閣諸島のような小さな無人島のために、アメリカの第七艦隊が出てきて中国と本格戦争をするわけがない。日本国民の期待感を掻き立ててはいけないのです。そうしないと逆に日米安保に対する信頼感が失われます。

安保条約第五条には「日本国の施政の下にある領域における、いずれか一方に対する武力攻撃が、自国の平和及び安全を危うくするものであることを認め（中略）共通の危険に対処するように行動することを宣言する」と書かれている。アメリカは日本と共同行動を取る義務がありますが、それは例えばアメリカが早期警戒管制機（ＡＷＡＣＳ）で収集してきた情報を日本に渡すようなことでもいい。それでも立派な共同行動で、第七艦隊が尖閣を守って中国と交戦するというような期待は早く払拭しておくべきです。

――中国から見れば尖閣諸島というのは主要な目的ではなくて、海洋国家として発展していく戦略の中の一部でしょう。沖縄から南に連なる島々は中国海軍にとっては太平洋に進出する際の関所みたいなもので嫌でしょうが、中国の戦略はより広範囲にわたるもので、西太平洋全体に影響力を確保したい。さらに米国中心に作られてきた秩序を変更し、自らに都合のいいものにしたい。一方、米国はそうした中国の挑戦を容易には認めない。つまり、米中間のヘゲモニー争いですね。

そうした全体状況の中で日本は対外戦略、アジア戦略を考えていかなければならないでしょう。

岡本　その点について言えば、僕の考えは多分少数意見です。

中国の海洋戦略は、一九八〇年代に当時の最高指導者である鄧小平と「中国空母の父」と呼ばれた劉華清という有名な提督が作った。これは二段階戦略で、第一段階が二〇一〇年ぐらいまでに、九州を起点に沖縄、台湾、フィリピンにつながる「第一列島線」の内側を軍事的にコントロールする。この段階では尖閣諸島は、地図で見てもわかるように東シナ海の端っこの無人島でしかなく、重要な存在ではなかった。

ところが第二段階では二〇二〇年までに、伊豆諸島を起点に小笠原諸島、グアム・サイパン、パプアニューギニアを結ぶラインの「第二列島線」の内側で「A2／AD」（接近阻止、領域拒否。Anti-Access/Area-Denial）能力を持とうとしており、その段階に入ろうとしている。

そうなると尖閣の存在が全く違ってくる。沖縄列島には四つぐらいの大きな国際海峡があって、中国海軍はそこを悠々と行き来できる。ところがもしも尖閣にレーダーステーションでも造られれば、中国海軍の作戦能力はかなり制約を受ける。尖閣は軍事的にも重要になってきており、人民解放軍としては、奪取したいでしょう。

——領土問題についてはとかく感情的な反応が前面に出てしまい、落ち着いた議論はしにくいです。もしも尖閣周辺の海や空で予期せぬ衝突が起きたら、国内の反応はどうなるか容易に想像がつきますね。

岡本　そういう指摘はよくわかるのですが、国際社会における日本のあまりにも特異な立ち位置を何とかしなきゃいけません。とにかく変わっていかなければならないと思ってます。だからと言って、じゃあネット右翼の議論に乗っていけばいいという話ではない。

改革なき国の限界

——岡本さんはリアリストですから、日本の安全保障政策が国際社会のスタンダードからかけ離れ過ぎていることが、日本の将来にとって国益を害しかねないと考えているわけですね。それは安全保障政策だけじゃないですね。産業構造や経済政策もかけ離れている面があり、改革が進まない結果、日本の成長の障害になっている。

岡本　まあ、ここまで長い間、改革しないできてしまったから仕方ないですね。中央省庁による様々な規制というのは、結局は官僚の天下り先確保が目的でしょ。国土交通省や経済産業省が特に多い。それぞれ二千近くの規制を持ってるはずです。そして、その規制を監督するための特殊法人がある。各省が規制を大切に維持し、それに関係する特殊法人を維持し、そこに人を送り込んでいるという構図は変えなければならない。

国際社会のスタンダードというのは単に多数決論理で決まったものでもなければ、大国が強引に押し付けたルールというわけでもないんです。何ていうのかなあ、アメリカの独立前にイギリスとの開戦を強く主張して「我に自由を与えよ。然らずんば死を与えよ」と、イギリスに対する抵抗運動を主張した政治家パトリック・ヘンリーの言葉が示しているように、民主主義の下で本来あるべき普遍的なルール、倫理観なんですよ。

つまり自由というものはリスクを分担し合って、みんなで守り合っていかなければならないものです。ところが日本の戦後の平和主義、そして近年の超安全主義、超平等主義というのは、それとは離れている。

日本の場合、国際安全保障に貢献して亡くなった人は少ない。全員の名前を挙げることができるくらいです。イラクで殺害された外交官の奥克彦さんや井ノ上正盛さん、カンボジアで殺害された国連ボランティアの中田厚仁さんや警察官の高田晴行さん、タジキスタンで亡くなった秋野豊さんらです。ところが他の国は数百人単位で亡くなっている。どこの国でもそういう人たちはヒーローであって、国としてその人たちを顕彰する。

日本は人命だけは絶対損なってはならないという考えで、やっぱり一国平和主義であり、国際協調や国際通商の果実だけを求めている。このままいくと、どこかで落伍してしまうかもしれません。

2 玄葉光一郎との対話
軍事力を超えたルール形成力を

玄葉光一郎（げんば・こういちろう）

前外務大臣
衆議院議員

一九六四年、福島県生まれ。一九八七年、上智大学法学部卒業後、松下政経塾に入塾。一九九一年、福島県議会議員に当選。一九九三年、衆議院選挙において無所属で初当選（旧福島二区）。同年新党さきがけに入党。一九九六年、民主党結党に参加。菅直人内閣で内閣府特命担当大臣（少子化対策、男女共同参画）、野田佳彦内閣で外相を務めた。

中国は一度言ったら簡単には引かない

――野田内閣で外相を務めていらしたとき、日中関係は尖閣諸島の国有化をきっかけに緊張が高まりました。その後、日中両国のトップが交代しましたが、日中関係はよくなるどころかますます悪化しています。

玄葉　昨年（二〇一三年）十一月末に中国を訪問し、元外交部長（外相）で現在、中日友好協会会長の唐家璇さんと一時間半ぐらい、さらに私が外相のときの中国の外交部長で現在は国務委員（副首相級）の楊潔篪さんとも五十分ぐらい話をしました。私は尖閣問題や防空識別圏の問題に触れつつ、「中国には責任ある大国になってもらいたいが、現状は平和的な台頭とは言えない」と言いました。その上で「昔、中国共産党総書記の胡耀邦氏が『戦えば共に倒れるし、協力すれば共に栄える』と言っていたではないか。問題解決のために互いに努力すべきだ」と話しました。二人の話で印象的だったのは、安全保障上の問題と経済、文化、人的交流を完全に切り分けていたことです。つまり、経済や文化、人的交流については大いにやろうと言ってきたのです。小泉純一郎首相が靖国参拝していた頃、日中関係は「政冷、経熱」と言われていましたが、今は「政冷、経冷、交冷」です。尖閣などで中国は自らの立場や主張を簡単には変えないでしょうから、経済や交流の面を活発にすることは大事です。

――日中間の様々なネットワークが動いて関係者が接触することは重要です。一方で尖閣について言えば、日本は「日中間に領土問題は存在しない」という立場を崩していません。これは国際法上、領土問題があると認めた場合、関係国との協議をしなければならないから、そういう事態を避けるためでもあります。裏を返せば中国が尖閣について領有権を主張する限り、日本は相手をしないということです。そうなると外交的には動かしようがないです。もちろん尖閣諸島が日本の領土であるということは明らかです。しかし、今の状況はお互いが突っ張るだけで話し合う糸口さえない。ここは工夫の余地はないんでしょうか。

玄葉　日本政府は「領土問題は存在しない」という立場を続けた方がいいし、続けるべきです。先日の中国要人との会談の際も、私は「日本は尖閣について何があっても原理原則を変えることはありえない」と話しました。尖閣の話で譲れない一線というのはそこであって、原理原則をきちんとした上で知恵を出すべきでしょう。

――中国の対応はどんどんエスカレートしてきています。防空識別圏の設定では「防空識別圏を飛行する航空機は中国の行政機関の指示に従うこと。これを拒否した場合は中国の軍隊による防御的な緊急措置を講じる」として、空軍機による撃墜を示唆しています。防空識別圏をあたかも自国の領空のように考えており、当然、世界から批判されてしかるべきだと思います。

玄葉　唐氏らとの会談で私は中国の防空識別圏については受け入れられないこと、そして尖閣を巡る状況がこのようなときに、防空識別圏で防御的措置を取ると発表したことに対しては国際社会からも強い懸念が示されていると話しました。

するとは先方は「いや、国際社会は支持してくれている」と応じてきたのです。おそらく米国など何ヵ国かが民間航空会社に対し事前に飛行計画を中国に提出するよう指示したことをもって、中国に対する「支持」だと言っているんだと思います。とにかく中国という国は一度言ったら簡単には引かないですね。

勢力均衡論を超えて

——外相時代に玄葉さんは独自の対中政策を打ち出し実践しました。二〇一一年十二月十四日に日本記者クラブでの講演で、現代の外交について「過去数世紀にわたり、主権国家の勢力均衡によって秩序の維持を図ってきた人類は、その営みを安定させ豊かなものとするために勢力均衡を超えた秩序のあり方を模索する時期にさしかかっている」と述べて、その具体像として「開放的で多層的なネットワーク」の構築を挙げています。「勢力均衡」という概念は安全保障政策の基本的概念ですが、それを見直そうという発言は非常に印象的でした。

さらに中国との関係について「このネットワークの基盤となり、かつ新たな秩序を支えることにもなるルール創りは、国際法にのっとったものでなければならない」と述べて、既存の国際秩序への挑戦を露わにしている中国を牽制しました。こうした構想が直ちに実現するとは思いませんが、これらの発言は何を意図していたのですか。

玄葉　今の世界情勢を見ると米国一極からパワーシフトしつつあることは誰の目にも明らかです。経済一つ見ても、一九六〇年代のＧＤＰはアメリカだけで世界の四割を占めていたし、その後のバブル経済の時期には日米合わせて四割でした。しかし、現在はアメリカが二割、中国が一割、日本が八パーセントです。そして二〇三〇年代には中国のＧＤＰがアメリカを抜くとも言われている。中国をはじめとする新興国の台頭という流れは不可逆的と言わざるを得ない。それにどう対応していくか。

厳しい安全保障の現実を考えれば勢力均衡、バランス・オブ・パワーということは踏まえた方がいいと思います。アメリカの力が相対的に低下するのであれば、日本自身がそれを補わなければいけない部分は出てくる。それ以上に、日本経済が安定的な成長軌道に乗らなければならないし、世界で最初に少子高齢社会を克服してみせなければならない。

「開放的で多層的なネットワーク」はアジア太平洋地域、特に東アジアの秩序をどうしていくかという構想で、日本がルール形成力を発揮していかなければいけない時代になったということを言いたかった。

ルール形成は外交の問題であり、法の支配、自由貿易、民主主義、人間の安全保障というようなことを東アジアの秩序の中に取り入れていくためには日本が主導的役割を果たさなければならないということです。軍拡だけでは駄目で、アジア太平洋全体に共通の倫理基盤のようなものをルールとして導入することが鍵だと思うんです。それをルール形成力と呼んでいます。そのためにネットワーク外交を築く必要がある。

——ネットワークを作って安定的な秩序を作るということは同時に対中戦略でもあると思います。その具体的な試みが二〇一一年の日本外交だった。南シナ海では中国と周辺国が島の領有権を巡って激しく対立していました。そこで日本は南シナ海での自由航行の確保と、国際法にのっとった領土問題の解決を実現するために水面下で動き、七月にインドネシアのバリで開かれたＡＳＥＡＮ地域フォーラム（ＡＲＦ）での議長声明に法的拘束力のある「南シナ海における地域的な行動規範の確立」という文言を盛り込むことに成功しました。さらに、多国間協議を進めるための「ＡＳＥＡＮ海洋フォーラム（ＡＭＦ）」の設立にも合意しました。

いずれに対しても中国は強く反対していたが、日本政府は水面下で議長国のインドネシアをはじめ各国に活発に働きかけ、その結果、ＡＳＥＡＮ諸国の多くが賛成したことで中国も受け入れざるを得なかった。もしも日本政府が派手に動いていたら中国が反発して実現しなかった可能性が高いだけに、珍しく日本外交がうまくいったケースです。ところが翌年になると中国の巻き返しが激しくて、せっかくの成果がうやむやになってしまった。それればかりかＡＳＥＡＮ諸国は中国の働きかけによって分断されてしまいました。これが外交の現実ですね。

玄葉　あのＡＲＦではアメリカのヒラリー・クリントン国務長官も積極的で、全体の流れに中国も従わざるを得ず、海洋フォーラムを始めることまで合意したのは大きな成果でした。私も議長国インドネシアのマルティ外相に幾度か働きかけを行いました。その後、中国が巻き返しを図ったのは議長国がインドネシアからカンボジアに替わったことが大きかった。中国のトップクラスがカンボジアにどんどん働きかけにいったのです。

そういう意味では外交は属人的な側面を持っているが、同時に長期的視点に立ったルール形成力を育てていかなければいけない時代だと思います。英国がそうですが、国際法に精通していて、世界で新しいルールを創ろうというときにいつも相談される役割を担うような力を日本も持たなければならない。すぐに実現することではないが、長期的に見るととても大事なことだと思いますね。

――戦後の日本外交の特徴は二国間外交が中心で、多国間外交はそれほど得意ではなかった。しかし、グローバル化の進む国際社会の中で多国間外交の空間はますます拡大し重要になってきています。そういう中で日本がルールメイキングで指導的役割を果たすようになるには、外務省の組織のあり方と共に、二国間外交や地域局に重きを置いている発想を変えていく必要があります。

韓国に見られる「甘え」

――二〇一一年九月に就任した野田佳彦首相は最初の外国訪問先に韓国を選び、日韓関係に積極的に取り組みました。李明博大統領（当時）は「歴代の韓国大統領は任期後半になると反日を使って支持率を上げようとする繰り返しだった。私はそういうことはしたくない」と述べて未来志向を強調しており、会談はとてもいい雰囲気でした。

ところが同じ年の十二月、京都での日韓首脳会談は従軍慰安婦問題で二人の首脳が決定的に対立してしまった。李大統領が慰安婦問題を首脳会談で持ち出したのは、同年八月に韓国の憲法裁判所で慰安婦問題について「元慰安婦らが日本政府に損害賠償を求める個人の請求権問題について、韓国政府が日本と外交交渉しないのは被害者らの基本的人権を侵害し、憲法違反にあたる」という決定を出したという背景があります。

その後の日韓関係は悪化の一途をたどり、二〇一二年六月には締結直前まで進んでいた軍事情報包括保護協定（GSOMIA）の決裂、八月の李大統領の竹島上陸、さらに天皇訪韓についての「心から謝るのなら来なさい」という発言が続き、惨憺たる状況となりました。当時外相だった玄葉さんはどう見ていたのですか。

玄葉　私も外相就任後最初の訪問国に韓国を選びました。日韓関係の滑り出しは本当に良かった。問題の京都の首脳会談ですが、李大統領が慰安婦問題についてどういう発言をするか、韓国側は「本当に大統領次第で、その場にならないとわからない」と言っていました。日韓間はもちろん韓国政府内でも事前に入念な打ち合わせができていたわけではないのです。

首脳会談後、我々は水面下で韓国側と慰安婦問題について何かできないか協議を続けました。

――一定の打開策を提案したわけですね。

玄葉　具体的な内容は言えませんが、もちろんそうです。外務事務次官の佐々江賢一郎さんも密かに韓国に行き交渉しました。結局、韓国政府が日本の提案を受け入れられないと拒否してきたので、日本側もこれ以上の協議は難しいということになった。そのうちに韓国では李明博大統領の支持率が急落していった。

李大統領が竹島に上陸したのはかなり個人的な理由だと思う。お兄さんで国会議員を務めた李相得さんが収賄容疑で逮捕されるなどしたため、おそらく名誉回復みたいなことも考えて竹島に上陸したんだろうと思います。

私から言うと、韓国は日本に対して甘えているような面があり、日本もそれを受け入れてきたようなところがある。しかし、大統領の竹島上陸で、毅然と対応すべきところは対応しなければならないということになった。竹島問題について日本が国際司法裁判所（ＩＣＪ）に提訴する話を持ち出すと韓国はもちろん受け入れません。とても嫌がっていました。この間の日本の対応に非はないです。

しかし、安全保障の観点から言えば日韓関係は改善した方がいい。そうなっていないことをアメリカが一番心配しています。

――朴槿恵さんが大統領になってから、韓国は生き残りのため明らかに中国を選択し、接近していますよ。朝鮮半島の長い歴史を考えると、大国化しつつある中国を韓国政府が意識して接近するのはやむを得ない面があるのかもしれません。一方、日本に対してですが、例えば戦時中の強制徴用について日本企業に賠償を命じる判決が韓国で相次いでいます。しかしこの問題は日韓請求権協定によって決着している話です。日韓両国間の外交的合意やこれまでの韓国政府見解を無視した判決がなぜ出てくるのか聞くと、ある韓国の研究者が「韓国では憲法よりも国民感情の方が上にある」と答えてくれたことがあります。社会における法律と世論の関係に独特な空気があるのですね。

ただ日本について言えば、さきほど触れられたような韓国の主張を何となく認めてきた寛容さが消えてきました。首相の靖国神社参拝問題や歴史教科書問題などは「国内問題であり、外国からとやかく言われる筋合いのものではない」とはね返すようになってきました。

玄葉 韓国を見るときは、大統領の権限がとても強い構造であることを踏まえなければならない。同じ大統領制の国でもアメリカの場合だと国務省が結構力を持っている。しかし韓国はそうではなく、時の大統領の力が圧倒的だ。

日本は韓国との関係で一定の寛容性は持っていた方がいい。そうじゃないと成り立たないところがある。それは日本の国力をどれだけ維持できるかにも関係してくる。と言うのも、戦前の日本が軍事力と経済力は持っていたけれど国際社会全体をどうするかという責任感が乏しかったように、今の中国や韓国はそういう責任感を持ち合わせていないと思うんです。

だからこそ日本は狭隘なナショナリズムに煽られずに、クールヘッドで東アジアがどうあるべきか、アジア太平洋地域の秩序はどうあるべきかなどを考え、粘り強く説いていかなければいけない。特に韓国は日本と同様にアメリカの同盟国だし、民主主義と自由貿易の国だから、一定の寛容性を持って接するべきだ。

これは「戦略的寛容性」と言ってもいいかもしれません。

——一九九八年に韓国の金大中大統領が来日し小渕恵三首相との間で「日韓共同宣言」に署名しました。この宣言で日本は韓国の民主化を高く評価し、韓国は日本の戦後の発展を評価しています。大変素晴らしい内容でありかつこの共同宣言は今も有効な文書ですが、完全に忘れ去られてしまっている。

それればかりか日本国内では「反韓」「嫌韓」がもてはやされ、町に出ればヘイトスピーチです。世の中の空気の変化を受けて政治家の世界の空気も変化しています。これは大変危ない状況だと思います。

玄葉　私は一九九三年に初当選したので冷戦時代の政治を知りませんが、冷戦が終わる頃までの政治的論争は、自民党を中心に現状を続けるという意味の「体制維持」対「戦前・戦中の体制の破壊」の対立だった。後者は社会党や共産党が中核で、戦前の軍国主義を根絶やしにするというような主張を強く打ち出すと共に、日米安保反対や自衛隊違憲などを主張していた。それって一種の幻想に彩られた事実上の思考停止状態だったと思う。そして冷戦が終わり日本の国力が相対的に低下している中で、後者に対する社会全体の反動が今の空気となって出ているんじゃないかと思う。

その結果、政府が対外政策で寛容性を示すとたちまち「弱腰外交だ」という批判が出てくる。一方で、もっと合理的に物事を考えようという人たちも以前より出てきていると思う。ただ、私が今、本当に心配しているのは日本国内の空気ではなく、中国の教育です。

――それは中国の愛国教育、あるいは反日教育のことですか。

玄葉 そうです。それは鄧小平さんが最高指導者だった時代に種が蒔かれていた。中国は共産党一党支配であり、政治指導者が選挙で選ばれているわけではない。従って権力の正統性を示すために必要なのが「抗日の歴史」であり、そのような愛国教育がなされてきた。そして、愛国教育を受けてきた人たちが次々と指導者になり、いつか日本を見返してやろうという気持ちの持ち主が中国の指導層に多くなってくるのですから、そのことにすごく危機感を覚える。

こうした状況を変えて、お互いが協力していかなければ駄目だという教育に変えなければ、いつまで経っても双方の国民感情は良くならない。

――日中関係を悪化させた直接的原因は尖閣諸島の国有化です。石原慎太郎東京都知事(当時)が尖閣を購入する考えを公表したことを受けて野田首相が国有化を決断しました。しかも国有化の閣議決定は、野田首相が胡錦濤国家主席と会談した直後というタイミングでした。もちろん政府は様々な道を検討したと思いますが、結果的に最悪のシナリオをたどっています。他に選択肢はなかったのですか。

玄葉　なかったでしょうね。中国にとって尖閣諸島を買う主体が国であろうが地方自治体であろうが区別はない。もしも東京都が購入していたら、もっと大変なことになった。明治時代に外相を務めた陸奥宗光さんは『蹇蹇録《けんけんろく》』という本で最後に「他策なかりしを信ぜんと欲す」という言葉を残している。「誰が考えても他に良い方策はなかったことを信じてほしい」と国民に呼びかけた言葉です。尖閣諸島の国有化についても同じような心境でして、他に選択肢はなかったと思っています。

ただし尖閣諸島はその瞬間、瞬間レベルの問題ではない。もっと大きな視点で捉えないといけない話だ。中国は尖閣諸島について日中韓で「棚上げの合意」があると言ってきた。本当に棚上げの合意があるなら、中国が一九九二年に領海法を作って尖閣諸島を中国の領土であるとしたこと自体がおかしな話になる。二〇〇八年には尖閣諸島で領海侵犯をし、それを中国国内では「歴史的突破」と報道した。南シナ海も東シナ海も海洋国家を目指す中国にとっては海洋権益そのものなんです。そして、中国が自信をつけたことで、「韜光養晦」というそれまでの腰を低くしていた外交姿勢が変化してきている。

外交のあるべき姿

――中長期的な日本外交の姿ですが、選択肢を単純化すればこれまで同様、日米同盟を中心に生きていくのか、それとも日米同盟を相対化し中国を含め幅広い外交を展開していくのかという道があると思います。現実の外交環境を考えると、当面は日米中心でいくしかなさそうです。

玄葉　当面どころか中期的にそうですね。

――そうなると反日ムードの強い近隣諸国との外交関係は強硬論が前面に出てくるでしょうね。そして、政府が何か妥協や譲歩をしようとすれば、弱腰外交だとか、売国奴だとかいう批判が国民やメディアから出てくるでしょう。そうした世論に国会議員が呼応します。こうした循環が外交の選択肢をどんどん狭めていくことになってしまう。それは日本の外交力を弱めることになるでしょう。

玄葉　そういう傾向は日本だけではないと思う。韓国だって中国だって同じです。そういう中で日本は成熟した民主主義国家ですから、狭隘なナショナリズムに煽られずにクールヘッドで粘り強く、責任ある対応をしていくことが必要です。

――歴史的に見ても外交は常に大衆の批判の対象になります。戦争や領土問題になると特にそうです。外交は国同士の駆け引きですから、常に冷静で合理的であらねばならない。そうなるとメディアや国民から批判される。ところが世論と外交の関係をうまく調整する方法はなかなかありません。そればかりか大衆政治家が出てきて政府批判に拍車をかける。ネット社会を迎え、世論と外交を調和させることがますます困難な時代になってきました。

玄葉 私は「脱ポピュリズム」ということを言っています。外交だけでなく内政も同じです。日本の財政事情を考えれば、今後十年間に消費税を三回ぐらい引き上げなければいけないし、社会保障も効率化せざるを得ない。そうなると時の政権の人気が下落するのは当たり前です。政治はそういう時代に入った。すると政権を担うことのできる野党が必要になる。

――世論にぶれない政治をできる人材を育成するためには、政党がしっかりしなきゃいけないです。民主党は大丈夫ですか。

玄葉 政権を担うことのできる野党は今見渡す限り、民主党しかないでしょう。自民党にできて民主党にできないこと、その反対に民主党にできて自民党にできないことというものがあると思います。自由や競争、効率というのはもちろん必要ですが、民主党がより比重を置くべきは共生とか多様性、あるいは公正だと思う。グローバル化した国際社会の中で一定の成長と共生社会を両立させるグランドデザインを描けばいい。

具体的な例を挙げると、配偶者控除をなくすということです。専業主婦を優遇している配偶者控除をなくすことは、働くことに対して中立であることを意味します。世界経済フォーラムが毎年公表している国別の男女平等の度合いは、経済分野を見ると日本は二〇一二年が一三五ヵ国中一〇一位、二〇一三年は一三六ヵ国中一〇五位と極めて低いです。これからの少子化時代、高齢化社会の中で女性を活用すること、男女が共生することは本当に必要です。しかし、自民党にはこういう見直しは難しいでしょう。民主党の方がやりやすいのです。だから五〜六年かけて政権を取り戻したいですね。

——三年間の民主党政権の失敗の傷は大きいですよ。政党としてのアイデンティティというか一体感の欠如、ガバナンス能力のなさを印象付けました。

玄葉　民主党政権の中心的担い手だった鳩山由紀夫さん、菅直人さん、小沢一郎さんの共通項はやっぱり「破壊」です。そして私たちの世代は「破壊」ではなく「創る」という感覚です。破壊力はないかもしれないけれど、破壊するだけでは駄目だという責任感を持っている。

同時にこれからの時代の政権というのは、さきほども言いましたように国民に負担を求める政策など厳しい判断をせざるを得ないことが増えてくるでしょう。それは内閣支持率の低下につながる。TPPだって実際に妥結すれば農村の支持率は落ちていきます。しかし、政策を継続的に実施するためには三年ぐらいは政権を維持しなければならない。難しい時代に入ります。

とにかく民主党政権についてはいろいろな反省点がある。それを踏まえてしっかり「備え」をしていきます。

自分の経験を言えば、外相時代の二〇一二年七月にロシアを訪問しました。メドベージェフ首相が北方領土の国後島を訪問した直後だったため、自民党からもネットなどでも「こんなときにのうのうとロシアに出かけている場合か」と批判された。もちろんそういうタイミングでロシアを訪問すればハレーションが起きるだろうと思っていた。しかし、既に中国との間で尖閣を巡る問題が複雑になるだろうということがわかっていたので、このままロシアとの間で何もしなければ、ロシア、韓国、さらに中国とも関係が悪化し、同時に二正面、三正面で対応を迫られることになってしまう。そういうことを避けるために訪問したのですが、そんなことは当然、表では言えない。外からどんなに批判されても訪問すると言って出かけた。するとプーチン大統領とも会え、以後、ロシアの要人が日本に来るなど日露関係はよくなり、二正面作戦を強いられないで済んだ。

現在、外交については、安倍政権は「歴史問題」への執着もあり、欧州を含めた国際社会全体をうまく味方にできていません。

近い将来、国際社会から信頼され、尊敬され、ルール形成の先頭に立つ日本外交を展開したいものです。

3 川口順子との対話

グローバル化とナショナリズム

川口順子（かわぐち・よりこ）

元外務大臣
明治大学特任教授

一九四一年、東京都生まれ。一九六五年、東京大学教養学部卒業後、通商産業省（現・経済産業省）入省。世界銀行エコノミスト、在米日本国大使館公使、通産大臣官房審議官（地球環境問題担当）、サントリー常務取締役などを経て、二〇〇〇年七月、森喜朗内閣で環境庁長官、二〇〇二年二月には小泉純一郎内閣で外相を務めた。その後、二〇〇五年一〇月、参議院神奈川選挙区の補欠選挙に当選し二期務めた。二〇〇八年一〇月から二〇一〇年七月まで核不拡散・核軍縮に関する国際委員会共同議長。二〇一三年に政界を引退し、現職。

マスコミと有識者が問題

――冷戦後、経済だけでなく政治や文化を含めあらゆる分野のグローバル化が進む中で、それに対する反発や反動的な動きとして国際社会の中でナショナリズムというか偏狭な内向きの動きが強まっている現実があります。日本も例外ではないでしょう。長期間、日本経済が低迷する一方で隣国の中国や韓国は発展を続けた結果、次第に日本人が自信を喪失し内向きになり寛容性を失い、それが社会や政治の空気に反映していわゆるタカ派的な現象が増えています。月刊誌や週刊誌、あるいは一部の夕刊紙には反中・反韓の激しい見出しが躍っています。こうした空気はあまり健全じゃないと思います。

川口　私は日本の民主主義ってものすごく強靭だと思っているんです。それから日本の軸は少しもぶれていないと思っている。だから基本的に日本は変わっていない。もちろんその時々の国際政治や国内政治の動き、経済の状況などに応じて日本人の考え方の幅の広さの中で、特定の部分が突出してくることはあると思いますが、それでいいと思います。

ただマスコミの対応や発言しない有識者には問題があると思います。実際に起きていることのごく一部分がマスメディアによって等身大以上に膨らんで人々に伝えられている面がありま す。だけど私たち個人はそれに惑わされてはいけないのです。基本的に日本には戦後の民主主義が身に着いていると思います。だから本当に深刻な問題が起きれば人々は街頭に出てデモをしますよ。そういうことがないということは、基本的には多くの人が満足しているのだと思います。最近、東京の新大久保などで一部の集団が反韓を露骨に表現しながら練り歩いて騒ぐ「ヘイトスピーチ」が話題になっていますが、それはバリエーションの範囲内であって、それが表に出たからといって心配し過ぎる必要はないと思っています。むしろ有識者を含めてみんなが思うことをきちんと言っていくことが大事だと思います。

――発言しない有識者の問題というのはどういうことを指すのですか。

川口　有識者が言いにくいことを言わないということです。例えばかつて日本とアメリカとの間で貿易摩擦が起きていた頃、何が問題かという否定的な話はいろいろ表に出たけれども、企業の側からアメリカとの間でわが社はこれだけ利益があって、こういういい関係を結んでいますという積極的評価の発言はなかったですね。中国との関係についても同じようなことが言えると思います。実態としてはバランスが取れているんだけれども、それが発言という形で表に出なければいけない。そこを日本の民主主義がもう一歩、習熟すればいいのではないかと思っています。

外交について言えば、例えば従軍慰安婦に関する「河野談話」（一九九三年）にしても戦後五十年の「村山談話」（一九九五年）にしても、今の政府はきちんと「守る」と言っています。その姿勢は今までの政権と何ら変わっていないのですが、それがきちんと報道されないで他の部分が大きく報道され、その結果、物事がそっちの方が重要だと見えてしまい、バランスを失しているという問題があると思っています。

また、これまで日本の多くの総理大臣は多忙でなかなか海外に出かけられなかった。安倍首相は本当に頻繁に外国を訪問しています。肝心な中国や韓国に行けてないじゃないかと言う人がいますが、日本側は行きたい、話したいと言っているわけです。それをノーと言う大統領がいたり、関係が改善しない限り会えないと言う国家主席がいるのです。これは日本が一方的に悪いのではないです。そもそも歴史をどんどん古い時代に遡ってどっちが悪かったとかいう議論をしても始まらないと思います。

また中国は国際法を破って突然、あそこは自分の島だ、領土だと言ったり、防空識別圏を設定して、そこを飛行する航空機は中国の定める規則に従うべきと宣言した。これはもう明らかに国際法違反ですよね。日中、日韓関係について言えば日本が悪いからこういう関係になったという風に思うのは現実的ではない。これからどうするかという話は別途考えていかなきゃいけないんですが、日本がこれまでやってきたことや政府の考え方を世界にきちんと説明していることは評価できると思います。

民主主義は時間をかけるしかない

——冷戦後の国際社会では特に経済的国境が低くなっていき市場が拡大してきました。その反動で特に弱い国では自国の産業などを守ろうとするナショナリズムが強まったと言われています。グローバリズムとナショナリズムの関係をどう考えていますか。

川口　グローバル化については二つのことを言いたいです。まず世界の一体化が進んできた結果としてグローバル化が起きたわけであって、人為的にグローバル化しようとしたというのではないということです。経済システムの持つ機能が働いて自然にそうなっていったわけです。

それからもう一つは一九二九年の大恐慌後の各国の対応の失敗について国際社会が反省したという歴史です。各国は自国産業保護のために関税障壁を上げていき、その結果、世界の貿易量は著しく減りそれが経済停滞を長引かせたことへの反省です。この失敗が第一次世界大戦につながりました。

ですから第二次世界大戦後、世界各国は自由な貿易体制のもとで内国民待遇とか最恵国待遇とか関税引き下げなどを進めるためにＧＡＴＴ（関税及び貿易に関する一般協定）を作って基本的な合意をしていった。東京ラウンドや現在のドーハ・ラウンドなど七回ぐらいラウンドをやって関税が下がったわけです。私は今日の世界経済の発展はこの関税の引き下げによってもたらされたと思っているんです。

特に日本は原材料を海外から買って製品を作って海外に売っていかないと生きていけない国であり、貿易自由化の恩恵を最も得た国の一つです。現在の中国だって貿易の自由化の恩恵を得ているからこそ、あれだけの輸出が生まれているのです。経済面から見ると自由貿易というのは世界中の資源を有効かつ効率的に活用するための制度であり、小さいものからより大きい富を生み出すという意味で非常に優れた制度です。自由貿易をやればやるほど世界全体として豊かになっていくのです。

ただ自由貿易の拡大によって富を失う者と反対に強くなる者が出てくるのですが、そのとき政治がうまく所得配分を調整できなかった場合の結果としてナショナリズムが生まれてくるのです。国際的には所得配分をうまくやるための制度がかなりあって、例えば途上国への特恵関税もあるしODAもそうです。世界レベルで所得配分を調整していく仕組みです。国内的には累進課税などの制度があります。しかし、これらの制度は必ずしもうまく機能しているとは言えないし、仮に動いたとしても時間的に遅れが生じます。その矛盾が今、起こっているのだと思います。

――どう対応すべきなのでしょうか。

川口　二つの政策で改善していくしかないと思っています。一つは所得配分をもっと是正していくのです。二〇一四年の米国の予算教書は所得配分の是正に比重を置いたそうですが、これは正しいことだと思います。それから毎年スイスで開かれるダボス会議で多くの参加者が関心を持っているのが"inclusive growth"という考え方です。つまり弱い人たちも含めた形で成長していこうという考えです。経済政策のあり方として、成長一本槍ではないのですが、だからと言って成長を鈍化させるわけでもない、両方をうまく合わせたような上手な政策のあり方を世界がもっと模索する必要があると思います。もちろんそれは後戻りするのではなくて資源を世界レベルで効率的に使いながら、同時に成長と所得増が伴うようにうまく配分していくことを考えるのです。

参議院議員時代に私はTPP賛成論をかなり強く主張しましたが、それは外からの刺激が日本のさらなる成長や改革をもたらすと考えているからです。日本の改革が二十年間うまくいかなかったのはやるべき改革ができなかったからです。なぜできなかったのかと聞かれれば政治が弱かったためです。今は久しぶりに自公連立与党が衆参両院の過半数を押さえているので、ここでやるべき改革をやってしまうことが大事ですね。

——政治が弱かったために改革ができなかったということですが、政治は必ずしもすべて合理的に動くわけではないです。そしていくつかの分野で合理的な政策決定ができないまま問題が先送りされ続けていますね。特に農業分野の改革は現状を維持したい農協が過剰に政治力を持っているために特に遅れていて、補助金をはじめとする保護行政が続いてきた結果、農業を主にやっている人の平均年齢は六十五歳を超えてしまい、耕作放棄地の面積は約四十万ヘクタールと埼玉県と同じ広さになってしまった。農業は産業としての体をなしていないと思います。そして農業改革の遅れは日本経済全体に悪影響を与えています。

例えば二〇〇一年に日本政府は自民党農林族の強い要求を受けて、中国からのイグサ、生シイタケ、ネギの急激な輸入増に対して緊急輸入制限を発動しました。これに対して中国は対抗措置として日本からの一部工業製品の輸入を制限しました。経済的側面からするとどちらが大きな損失を被ったかと言えば明らかに日本でした。

川口　農業分野の改革は必ずしもすべてが阻止されたわけではなく、前向きに動いてきた部分もあったけれどスピードは十分には速くなかったですね。自民党は農業についてはかなり自由化を進めてきたんですよ。しかしスピードがなかった。それは民主主義だから仕方ない面があると思うんです。

自民党には多くの族議員がいますが、族議員が一人で政策を決められるわけではないです。党内にはいろんな分野の族議員がいますから日本中に存在する利害の対立が全く同じ形で自民党の中にも縮図のような形であるわけです。そこでの綱引きの結果、予算も決まっていくし税制も決まっていく。それが民主主義です。

農業改革ができない日本はおかしいと言われますが、例えばアメリカのように銃を規制できない国だってありますよね。私たちから見ればあれだけ多くの犠牲者が出ているにもかかわらずなぜ銃規制ができないのかと思いますが、あれも民主主義なんですよね。早く動かせないというのは民主主義の欠点ですが、そもそも民主主義は欠点があり完全な制度ではないです。欠点はあるけれども、やっぱり時間をかけて落ち着くところに落ち着いていくというのが民主主義のいいところだと思っているんです。もちろんもっと早く進めるべきだっていう意見には私は賛成ですけどね。

――スピード感も大事ですが、同時に改革の方向性も重要です。後ろ向きの変更を改革だと言われても困りますからね。

川口　私は今の農業政策は、かなり方向性が明確に出てきていると思っている。農地バンクのような政策が打ち出され、減反ももうやめることにする。しかし、長い歴史のある話なので一朝一夕に変えてしまうことは民主主義なので難しいですね。

――一九九五年に最終合意したウルグアイ・ラウンドではコメの市場開放について自民党内は「コメは一粒たりとも輸入させない」などという声が圧倒的でした。農協からの支持を得るためのデモンストレーションだったのでしょうが、あそこまでやるとある種の宗教かイデオロギーのような感じですね。

川口　最初に言ったように、言うべき人がもっと発言すべきだったのですよ。ものを言わなきゃ力にならない、民主主義社会はそういうもので、むき出しの利害がせめぎ合う中で政策が決まっていくわけです。

私はもっと早く改革が進んでほしいと思っています。しかし、改革に反対する人たちが別に悪いことをしようとしているわけじゃない。よく言われるようにそれぞれの国は国民が欲する政治を持つのです。ですから国民にこっちの方を向いてもらえなかったら、それはやっぱり負けです。

——族議員は自分の得意とする分野しか見ません。つまり部分最適を主張します。その結果、なかなか国全体の利益を考えようとしませんね。

川口　それぞれの部会が求めるものは当然のことながら部分最適ですよ。自民党がそういう仕組みになっているのですから。しかし自民党組織の立派なところは、部会がたくさんあってそういう意味では部分最適の党ですが、政務調査会や総務会という上部の会議でさらに意見を戦わせて、最後は全会一致で物事を決めるのです。そのためにも部分最適の議論をする人は必要なんです。その結果、政策を間違えることはあるかもしれないが、やってみて納得することもプロセスの一つなんですね。みんなが冷静な頭脳で合理的な政策を理解してくれるわけではないです。碁のように何手も先を読んで「負けました」と投了するわけではなく、それぞれの人が自分の暮らしをかけて主張しているわけですから。

ウルグアイ・ラウンドでは日本政府は一九九三年にコメのミニマム・アクセス受け入れを決めましたが、あれは間違いだったと思います。関税化していた方が正しかったでしょう。そういうことはあるのですが、できるだけ制度をうまく動かしていくというのが民主主義の習熟度だと思います。ここは気長に考えないといけないですね。

政策に限界はある

――日本に元気がない原因には経済の低迷もありますが少子高齢化、生産労働人口の減少、その結果のＧＤＰの低迷もあるでしょう。一方で、高齢者の人口が増えているため「シルバー民主主義」と呼ばれるように政治家はお年寄りに有利な政策に熱心になるという矛盾も生まれています。

川口　政策が最終的にすべての問題を解決することはできないけれども、政策にできることはあると思います。人口がどんどん減っていくということは望ましくないと思いますが、出生率は少しずつ増えていますね。

日本って妊娠したけれども中絶するケースが多いんですね。厚生労働省の報告だと二〇一二年度の人工妊娠中絶件数は全国で約二十万件だそうです。中絶件数は一九五〇年代には百万件を超えていましたが、徐々に減っていき八〇年代に五十万件、九〇年代に三十万件です。出生数が減っていますので、二〇一二年度の二十万件というのは対出生数の比率で言うと五分の一くらいになります。もしかしたら生まれていたかもしれない子どもの数を累計するととても大きな数字になるのです。

人工中絶は子どもを産むことができないのではなくて、育てることができないということなんですね。だから社会的にどうやったらみんなが子どもを育てることができるようになるかが課題です。保育園の話でもあるし、経済的な負担の話でもある。一方、結婚しない人、つまり生涯未婚率が非常に高くなってきて国立社会保障・人口問題研究所の調査だと男の人で二割、女性で一割くらいあるそうです。こうした問題も考える必要があります。

――人口減少、高齢化社会、GDPの伸び悩みと問題が次々と並ぶと、これは単なる思想信条の問題じゃなくて、もう解の見えない暗さにつながりませんか。

川口　私は割に楽観的なんです。若い人は内向きの人ばかりではないでしょう。二月のソチ・オリンピックを見ると、若いときに早々と目標を定めて日本じゃあ駄目だから外国に行って外国人のコーチについて頑張った選手がいっぱいいました。同じようなことを考えている若者は裾野広くいるのではないですか。大学生の間でも語学研修や留学に行く人はまだまだ大勢います。

高齢者に使っている予算と子どもたちに使っている予算の比率は一〇対一くらいになっているそうですね。年金とか医療費が大きいわけですが、厳しく精査して見直す必要があるでしょう。それから規制改革が必要ですね。例えば現在は高齢者の住む施設と保育園とを一緒にはできないです。東京のような都会ならともかく沖縄の離島なんかは自治体に別々に造るだけの余力はないです。そういうところでは一緒に造った方がいいのです。

それから高齢者や女性がもっと働くことができるようにすることも重要です。アベノミクスは女性がもっと働けるようにすることを打ち出していますが、高齢者が働くことについては政策的には薄いですね。

もう一つ言えば、日本はホワイトカラーの生産性がとても低いんです。これをどうにかして改善するというのは必要です。コンセンサス方式で物事を決めるやり方がスピード感を失わせているのです。会社組織が大きければ大きいほどそうでこれでは国際競争力はつきません。

試行錯誤の政官関係

——国会議員時代のお話を伺いたいのですが、自民党の部会は族議員が部分最適を実現しようとする場だとおっしゃいましたが、部会は同時に国会議員が官僚を批判する場にもなっていますね。特に北朝鮮の拉致問題や中国・韓国との領土問題で何かあると自民党の部会では議員が外務官僚に対して「弱腰だ」「何をやっているんだ」などと激しい言葉を投げ付けています。川口さんは外相を経験し、党に戻ると外交関係の会議では幹部になって上座に座っていらっしゃるでしょうから、そういう場面にしばしば出くわしているんではないですか。

川口　私はすべての部会に出たわけじゃないんですけれども、特に外交部会は勇ましい意見が出やすいですね。しかし、部会でのそういう意見が自民党の平均的な意見を代表しているかって言うと、そうでもないと思います。あくまでも特定の利益を主張するために特定の議員が出席するのが部会であり、個々の議員にとっては出席して意見をそこで発言することに意味があるのです。党内にはもっといろんな意見がありますから、声の大きな人の意見がすべてではなくて、大人しい人はみんな意見を言わないで黙っているだけかもしれない。それが自民党の部会なんです。

——政治家にはいろんな役割があるとは思いますが、部会で官僚を吊るし上げたり、「韓国の大統領はけしからん」「中国なんかぶっ潰せ」と非生産的なことを言ってどうするつもりなんでしょうか。発言した人はそのときは気持ちがいいのかもしれませんが、現実の外交がそんな風に動くとは思っていないでしょう。

川口　なぜなんですかねえ。やっぱり政治家にはいろんな人がいるし、それぞれ後ろに選挙区の支援者がいるわけですよね。その支援者がそういう風に思っているのかもしれない。

しかし、自民党はすごくフェアな組織で、部会などでは誰がどういう意見を言いがちだとか、どういう行動形態を取る人だとかをみんなが見ている。そうした評価がその先の人事とかに反映されるんです。まあ勇ましい意見を言うのは傾向としては特に一年生議員に多いですね。

私はあまり品のないことは好きじゃあないし、人格を攻撃するのも好きじゃあないですね。ですから部会で飛び出す激しい官僚批判はおかしいと思いますね。それは本当に嫌なものです。大きな方針を決めるのが政治家の役割であったとしても、詳細なデータを知っているのは官僚ですから、官僚に説明を求めるというのは正しいことだと思います。

もちろん官僚がやったことについて説明を聞いて、それがおかしければおかしいと意見を言うことは当然です。ただその言い方があまりにも礼儀を失していると、一人の政治家のあり方としてどうかと思います。もちろんそういう人ばかりではなくて、多くの議員は非常に穏やかに敬語付きで意見を言っていますよ。

――政治家と官僚の関係は一九九〇年代以降の政治改革の議論の中で見直しが急速に進みました。これまでの官僚主導はけしからんから、政治家が物事を決める政治主導でなければならないということになってきました。何が政治主導でどうやって実現するのかという点がきちんと整理されないまま、民主党による政権交代があって政官関係が大きく変化して今に至っているわけです。

川口　政治主導は当たり前のことだと思っています。なぜかって言えば政治家は選挙で選ばれているからであり、それは国民から託されているわけです。問題は政治家が判断をするに当たって非常にいい判断ができるかどうかということ、つまり日本にいい政治があるかどうかということです。

官僚は組織としていろんな政策を企画立案していきます。いくつかの選択肢の中から一つの政策を決めると、なぜそれがいいのか、他では駄目なのかということについての説明を政治からも国民からも求められますから、選んだ政策がベストだということを常に考えて行動します。だから政治家と官僚の知恵がうまく融合したり共存すればいいんです。官僚が政策についての知恵を政治家に示し、政治家が国民はこっちの方角のことを望んでいるなどと官僚に示す。そういう歯車の噛み方が今、徐々にできつつあります。

――明治以来、ずっと長い期間官僚組織があるのに、まだ途上なのですか。

川口　官僚主導が問題になり政治主導が叫ばれ出したのは最近ですよ。だからまだ途上だと思いますね。上手にやる閣僚もいればそうでない閣僚もいる。そして民主党政権時代はうまくいってなかったと思う。官僚はすべて悪いみたいに言われ、官僚を排除して政治家だけで物事を決めようとしていました。当然、それじゃあうまくいかないんです。官僚は細部にわたる情報や知識を多く持っています。しかし、政治家の中には官僚の方が詳しいというようなことを表に見せたくない人がいる。だからあえて強面で接する人がいます。

官僚主導だと言っても、現実には官僚がすべて決めていたなんていうのはありえない話です。政治家に見識があったかどうかが問題だったと思います。これまでも政治家が最後は決めていたのです。官僚は政治家の判断を「はい」と言って聞いていた。これだといい形です。しかし省によっても大臣によっても官僚との関わり方が非常に違います。

官僚だけで物事を決めていくということには大きな欠陥があると思っています。官僚の中には新しいことを先取りして考えていく人もいますが、失われた二十年はなぜ改革ができなかったかというと、官庁が既存の様々な規制のインタレストと同一化してしまっていたためだと思います。そこを切ることができるのは政治家なんです。国民から選ばれたという立場が政治家の持つ権限の強さの源なんですね。

――政治家の行動のベクトルが改革ではなく全く逆の場合もありますね。

川口　うん、あります。そういう意味で現在は移行期だと思っています。

――高度経済成長を推進するため、時に大臣を飛び越えて政策を決めていった通産官僚を描いた城山三郎の小説『官僚たちの夏』には国士的な事務次官はじめ官僚が描かれています。外交においても、かつては国益のためだと言って水面下で交渉して対外政策を決めていった官僚群がいました。政治家何するものぞ、という強い意志を持った官僚には功罪があるでしょうが、改革のエネルギー源ではあったと思います。

川口　かつて官僚は滅私奉公だと思って仕事をしてきました。いまだにそう思っている官僚は結構います。日本の官僚の資質は非常に高いですよ。ただ官僚が物事を勝手に変えるわけにいかないのです。いくらその人に先見の明があって新しい政策を誘導できても政治家を説得して理解を得てから実現しなければなりません。今が移行期だという意味は、政治家にも官僚にもいろんな人がいて、すべての政治家が政治主導を発揮できるだけの見識を持っているとは言えないし、官僚も上の顔を見て意見を変えるような人もいるということです。

――一九九〇年代後半から政策決定過程における「官邸主導」が進みました。主要政策を首相官邸、とりわけ内閣官房長官を中心に決めていくスタイルが定着してきました。官邸に権力が集中することで、各省幹部が官房長官のところに足繁く通うようになっています。明治以来の中央省庁の分担管理の原則、つまり縦割り行政が変化して、官邸主導になると政策決定にスピード感が出てくるかもしれません。これも一つの統治のあり方だと思います。

しかし、官邸主導が行き過ぎると官僚機構が自発的に政策をアウトプットするのではなく官邸の指示を待つ受け身の姿勢になりかねません。官僚の側も下手に新しい政策を打ち出して官邸ににらまれると自分たちの人事に影響しかねませんから自己保身に走るでしょう。日本最大のシンクタンクである官僚組織が指示待ちになることは日本にとって大きな損失です。このあたりのバランスは難しいですね。

川口　一番望ましい姿は、各省の大臣と官邸のコミュニケーションがうまくいって、官邸が何をやりたいと考えているのかが共有され、各省の大臣が責任を持って役所を動かすというスタイルだと思います。やはり話は間接に聞くより直接聞いた方が遥かにインパクトもあるし、強弱の伝わり方が違う。だから直接、官邸に足を運んで官房長官らに話を聞きたくなるというのもよくわかる話ですよね。このあたりも試行錯誤を繰り返しながらやっていくしかないでしょうね。

対話を終えて

本章に登場頂いた元外交官の岡本行夫氏、元外相の玄葉光一郎氏と川口順子氏は、いずれも厳しい外交の現場に当事者として向き合った経験の持ち主である。岡本氏は外務省幹部として一九九〇年の湾岸危機の際、米軍に対する支援などを担当したが、憲法や法律の制約などから百三十億ドルの資金提供以外、実質的には何もできなかった苦い記憶を持っている。玄葉氏は民主党政権最後の野田佳彦内閣で外相を務めたが、在任中、韓国とは従軍慰安婦問題や竹島の領有権問題で、中国とは尖閣諸島の国有化問題で、共に関係が決定的に悪化してしまった。川口氏も小泉純一郎内閣で外相を務め、イラク戦争や北朝鮮の拉致問題など困難な問題に対処した。経験から生み出された外交論には理想や感情に走らない冷静な分析とリアリズムが色濃く出ている。

岡本氏は小泉内閣時代の首相の私的懇談会で、軍の近代化を進める中国の脅威は対話によって解決すべきだと提言したが、その後の中国の対応を見て今回のインタビューでは「きれいごと過ぎた」と見通しを誤ったことを認めた。同時に今も多様な人々を国内に受け入れて活力ある社会を維持発展させているアメリカの可能性を肯定的に捉え、中期的に日本は日米同盟関係を基本に生き延びていくしかないと考えている。ただアメリカが尖閣を守ってくれるというのは幻想でしかないという注目に値する分析をしている。

もう一つ岡本氏が指摘する重要なポイントは、世界の変化に鈍感なまま様々な分野での改革を怠ったり放置したままでいる日本の「思考停止」に警鐘を鳴らしていることだ。岡本氏が言うのは外交・安保政策だけではなく、国内の様々な政策も含んでいる。とにかく保守勢力は現状維持を最優先しており、時代の変化に積極的に対応して新たな状況を創造することで日本に活力を与えるという発想に乏しい。日本人が本質的に持っている「一国平和主義」では国際社会から取り残されてしまうというのが岡本氏の最大の危機感であり、それは今日本が直面している中国との緊張関係以上に深刻であり、かつ継続的な問題であろう。

あまり知られていないが玄葉氏は外相として斬新な挑戦を試みた。それは「勢力均衡論」に支配された国際関係の見直しであり、アジアにおける「開放的で多層的なネットワーク」の構築という大きな構想だった。実際、野田内閣はＡＳＥＡＮ諸国などを含む多国間会合を利用して、中国を巻き込んだ新たな海洋秩序の形成などを推進した。この挑戦は一時的に成果を上げたものの、中国の巻き返しもあって事実上、頓挫している。

玄葉氏は世界秩序がアメリカ一極支配から大きく変わりつつあるときに、日本が少なくともアジア太平洋地域において積極的役割を果たせるような「ルール形成力」が必要であると説く。軍事力など力によらずして国際社会に貢献すると共に自国の利益を実現しようという「ハト派」的発想である。もちろん日本がそういう役割を果たすためには課題があまりにも多くあり過ぎる。しかし、対外強硬論一辺倒に走らないためにも、大いに議論されてしかるべき論点であろう。

川口氏の問題意識は岡本氏に通じるものがある。通産省の官僚として長く通商政策に携わってきた川口氏は、経済分野などのグローバル化は自然の流れであり、自由貿易体制が世界経済の発展に大きく寄与してきたと考えている。その過程で富める者と貧しい者が生まれることから所得配分の調整を個人間、国家間でうまくやらないと、ナショナリズムを生み出す危険性があると指摘する。保守を中心とする政治の世界の対応の鈍さが対外関係を緊張させたり内向きの国民感情を作り出す恐れがあるのだ。

三氏に共通しているのは、中国や韓国に対する厳しい姿勢である。特に中国については日本の安保政策の見直しを含めて十分な対応を求めている。ただ、歴史問題について言えば、謝罪や反省を表明してきたこれまでの日本政府の対応を継続すべきという点でも一致している。それが現実主義的外交ということであろう。

第四章

政党幹部の憂い

石破茂
山口那津男
平沼赳夫

1 石破 茂との対話

心情的タカ派と現実的タカ派

石破　茂（いしば・しげる）

自由民主党幹事長

一九五七年、鳥取県生まれ。一九七九年、慶應義塾大学法学部卒業後、三井銀行勤務を経て、一九八六年の総選挙に自民党公認で初当選（当選九回）。一九九三年に自民党を離党し自由改革連合や新進党に参加したが、一九九七年に自民党に復党した。防衛庁長官、防衛大臣、農林水産大臣、自民党政務調査会長などを歴任し、二〇一二年九月より現職。

〝無責任なハト〟は減った

——私が知っているかつての自民党は、ハト派とかタカ派と呼ばれる議員がいて、両者の考えが対立する歴史問題や外交政策などについては党の部会や総務会などの場で活発な議論をしていました。もちろんいつまでも議論をするわけではなく、適当なところで最終判断を幹部に一任していました。最近の自民党を見ているとかつてのようなタカ派とハト派の熱心な議論が減ったというか、なくなってしまったような印象がありますね。

石破 政治家や政党は結局、社会をそのまま映しますから、日本社会全体でハト対タカみたいな議論が流行らなくなってきた、ということなんじゃないでしょうか。社会全体の雰囲気として、古いハト派的な幻想を抱く人が減ってきたんですよ。その結果、政治においてもかつての純粋ハト派的な人たちがだんだん絶滅危惧種っぽくなってきました。

もう一つは、日本の高度成長が終わり、昔のような勢いがなくなった一方で、中国や韓国が元気になり活発に発言するようになってきたということがあるでしょう。日本人には妙なプライドと妙なコンプレックスみたいなものがあって、閉塞感を打破しようという心情的タカ派的な人たちが増えてきているのかもしれません。

だから、昔のハト対タカというのはほとんどなくなりましたが、同じような現実路線を取りつつも、心情的・理念的なものに重きを置く人たちと、現実の国益そのものに軸足を置く人たちとの違い、というようなものはありますね。それは昔のハト対タカみたいに華々しくはありませんが、自民党内に全く理念的対立がないかと言えば、そうではないんだと思います。そういう構図で言えば、私は後者になるのでしょうね。

——石破さんは六年前、月刊誌『論座』のインタビューで「平和を望むという意味ではみんな同じだが、責任あるハトと無責任なハトがいる」という言い方をしていますが、今の分類の仕方は基本的に同じですね。

石破　まあ、「ハト」「タカ」というのがかなりあいまいなたとえなので、それぞれに括られる中にも違いがある、という意味ではそうですね。そして「無責任なハト」ってだいぶいなくなりましたね。

——無責任なハトですか（笑）。

石破　そう、「米軍基地は要らない」とか主張するようなハトの人たちはだいぶ減ったような気がしますね。

——自民党内には元々、そういうハトはいなかったでしょう。

石破　自民党内にはそんなにはいなかったと思いますが、自民党以外でも、「常時駐留なき安保」などと言う人はほとんどいなくなりました。

——かつて自民党内でそれなりの勢力を持っていた古典的なハト派は、中国や韓国などアジア諸国との外交関係を重視したり、憲法改正に反対する主張をしていました。そういう人たちと石破さんの言う現実路線に軸足を置くタカ派とはどう違うんですか。

石破　例えば、引退された加藤紘一先生や、かつて自民党議員だった鳩山由紀夫元総理のように、「日米中の三ヵ国は正三角形の関係だ」という主張をされる方、あるいは「アジアを友愛の海に」「アメリカ抜きの東アジア共同体の創設を」といった理想を唱える人はいましたし、今でもそういう人が全くいなくなったとは思いません。しかし私たちは日米中の関係が正三角形なんていうことはあるはずがないと思っていますし、アメリカを除外した東アジア共同体もありえないと思っています。そこはやはり違いますね。

中国と自衛隊

――中国との関係については、考え方に違いがあるようですね。石破さんは中国についてどう考えているのですか。

石破　私は、中国の共産党一党独裁という政治体制は個人的には嫌いですし、いい政治体制だとも全く思わない。しかし十三億という人が住み、少数民族だけで五十を超え、十四の国や地域と地続きの境を接しているような国を治めるにあたって、今のところ共産党一党独裁以外に手はないのかもしれないとは思っている。いい悪いは別として、当面それしかないのだろうということです。

中国ではもうマルクス＝レーニン主義なんて信じている人はほとんどいないでしょう。おまえも貧しい、俺も貧しい、しかしこれが共産主義なのだ、というような話は誰も信じていない。なのに政治体制は共産党一党独裁であり続け、かたや経済は限りなく資本主義に近い、という世にも稀なる国家運営を行っているわけで、それは非常に危ういものだと思っています。日本にとっては、いかにして中国が安定的に推移するかが重要で、そのためには安定的に経済成長をし、地域の責任ある大国としてルールを守る国になってもらわなければ困る。中国指導部は資本主義の宿痾たる権力と資本との癒着や格差の拡大という問題をいかにして抑えるかということに必死ですし、それはぜひとも成功してもらわなければならないのです。

そのためには非効率なエネルギーの使い方を改めてもらいたいし、農業の生産性ももっと上げてもらいたい。税制をきちんと整備して所得の再分配の機能を進めることも必要だ。権力と資本との癒着は徹底的に取り締まるべきだ。このようなことについて日本のノウハウをいろいろと伝授することはできるし、それが日本のソフトパワーと言えばソフトパワーです。

——石破さんの専門で言えば、中国の軍事力の急速な近代化と海軍力を中心とした活動範囲の拡大は注目すべき点でしょう。

石破　中国の人民解放軍というのは国民の軍隊ではなくて共産党の軍隊ですから、人民解放軍のコントロールは共産党によって行われます。初期の創立者たちのように自らが軍経験もある共産党幹部が軍を統括していた間は良かったのでしょうが、党エリートとして育ち、国民から負託を受けてもいないトップが軍をコントロールするようになってくると、結局は物理的な強制力を行使しうる軍隊の方が発言力が強くなっていく可能性が高くなるのだと思っています。

中国は明の時代にインド洋から大西洋まで大遠征をした「鄭和の艦隊」以来、もう六百年ぶりくらいに海軍の力が強くなっています。陸軍中心の国の海軍が強くなっていくと、陸軍的な「領土拡張」の発想で海洋に進出する傾向が強くなり、「公海自由の原則」をないがしろにする可能性があるので、注意が必要です。

もし中国が、今までのようなハイペースで経済成長を続けることができなくなったとして、軍の予算を減らすという話が出てきたら、軍はそれを容認できないでしょうから、逆に共産党への圧力を強めようとするかもしれません。そういう状況になったときに、その軍の圧力を共産党の指導部が抑え切ることができるかどうかはよくわからないのです。例えば二〇一三年十一月に中国が一方的に設定した防空識別圏についても、本当に中国の指導部が了解した上でのことかどうか、私は疑問に思っています。というわけで、人民解放軍の拡張路線は当面続くでしょうし、軍自体のコントロールがきちんと機能しているか、それが将来的にも続くか、ということもあまり楽観視しない方がいいと思います。重要なことはただ一つ、この地域において勢力均衡(バランス・オブ・パワー)を保ち続けることなのです。

——自衛隊はこれからどういう姿であるべきだと考えますか。

石破　私は国の数だけ正義はあると思っています。つまり各国にはそれぞれ言い分があるわけです。唯一はっきりしていることは、軍事バランスが保たれているときには紛争は起こらない、しかし、一方に隙があれば紛争が起こるということです。

アジア太平洋地域においてはアメリカの力が相対的に低下していく。そんな中でいかにして軍事バランスを保つかということはとても重要です。一方で、日本の防衛費を高度経済成長期なみにどんどん増やすことができるはずはありません。しかし、もっと効率的かつ効果的な予算の使い方をする余地はあると思っています。

例えば、統合幕僚監部ができて、陸・海・空統合の運用というのはそれなりに考えられてきていますが、一方で装備取得に関してはいまだに一義的に陸・海・空それぞれが行っています。結果として、陸にとっては最適でも全体では最適ではない、ということがないわけではない。海、空でもそうです。協働を前提としない装備ができてしまったり、同じようなものを別々に取得してコストが高止まりであったり、というところはかなり効率化の余地があるのではないかと考えています。

また、自衛隊はわが国の自衛が主目的の組織であり、常時海外に相当数が展開することを前提としていませんので、わが国の防衛に必要な人員構成についても考慮の余地があると思います。その際、予備役が極端に少ないという状態を是正しなければならないでしょう。どのような職域にどれだけの常備自衛官が必要か、平時と有事とでどのような分担変更をするか、女性自衛官にさらに活躍してもらうにはどうすればよいか、なども今議論されていることですが、早急に結論を得るべきだと思います。

このような考え方に基づいて、さらなる効率化を実現すれば、防衛予算自体に制約があったとしても、より高い抑止力を構築することは可能だと考えています。

そして注目されている集団的自衛権ですが、これは何もアメリカと一緒に地球の裏まで行って侵略戦争するという話では全くありません。例えば日本とフィリピン、あるいはインドネシア、マレーシアなど、より多くの地域の国家との間で、今までよりも緊密な協力関係、将来的には同盟関係を結ぶことによって、アメリカを中心としたハブ&スポーク型の同盟からそれぞれがお互いにつながり合うネットワーク型の同盟に切り替えていくことができるし、それはこの地域において中国のみが軍事的に突出してしまうことを防ぎ、バランスを保つために、決定的に重要なことだと思っています。

つまり、最初に申し上げたエネルギーの効率化について協力していくというようなソフトパワーも大事だが、ソフトパワーかハードパワーかという二者択一の話ではなく、両方やらなきゃ駄目だということです。

――ソフトパワーを生かすには、ハードパワーがその背後に控えていなければならないわけですね。

石破　そうそう。そうです。常識ですよね。

歴史認識を問う

――冒頭に話して頂いた心情的タカ派と現実路線のタカ派ですが、この違いを教えて下さい。

石破　例えば「大東亜戦争はアジア解放のための戦争であった」と言う人がいる。また、それは「アメリカの謀略、ルーズベルト大統領の謀略であり、真珠湾攻撃は米国にはめられたのだ。米国は真珠湾攻撃を最初から知っていて空母は湾外に出していた。太平洋戦争開戦直前に米国の国務長官が示した覚書『ハル・ノート』も日本を戦争に踏み切らせるための謀略であった」、あるいは「朝鮮を解放したのは日本である」という話がある。それらを否定するつもりはありませんが、本当にそれだけが真実かというと、やっぱり違うのではないかと思うわけです。

大事なことは「負ける戦争をしてはいかん」ということなんですね。国の数だけ正義はあるし、「勝てば官軍」というのは間違いない話なのだから、そもそも負ける戦争をしてはいけません。ところがあの戦争はどんな大義があるにせよ、やって勝てるはずはないという戦争だったわけですよね。

だからこそ、連合艦隊司令長官であった山本五十六は真珠湾攻撃というかなり投機的な作戦を考えた。これ以外に早期講和に持ち込む道は考えられない、ということだった。そして日本軍は最初は成功しながら、もう一度ミッドウェー海戦という投機的な作戦をやって大失敗をしたのです。

軍人は与えられた条件の中で戦争に勝つことを目的としなければならないから、山本としては真珠湾攻撃しか考えようがなかったのだろうと思います。しかし為政者たる者は軍人の意見を聞き、それを最大限尊重して全体を見渡して、負ける戦はしないということまでが責務であるはずです。あの戦争でそれがきちんと履行されたかと言えば、はなはだ怪しいと思うわけです。

だから「アジア解放のための戦争であった」とか、「アメリカの陰謀である」とか言ってみたところで、要するに「負けた戦争をした責任はどうしてくれるんだ」ということが問題なんだと思うのです。なぜあの戦争になったのか、なぜ止めることができなかったのかという考察が、私は一番大事だと思っています。もちろん、戦地に行って尊い命を捧げられた方々を顕彰し慰霊することは大事なことです。しかし同時に、なぜ戦争になり、なぜ止められず、なぜ早期講和に持ち込めなかったのか、そしてなぜ結果として三百万人を超える日本人を犠牲にしなければならなかったのか、ということをきちんと検証し、それに学ばなければ、また同じことが起こりうると思うわけです。この、「先の戦争とは何であったのか」ということに対する見方の違い、というのが、一つあるのかなと思います。

——極端な人たちは日中戦争や太平洋戦争を自衛戦争であると主張していますし、あるいは、あの当時、帝国主義は世界の常識だったとして、日本の植民地支配や侵略行為を正当化しています。さらには日本が戦争したことでアジアの植民地は解放され独立できたと、日本の行為を美化する人たちもいます。そういう人たちは日本が侵略したという言い方をしませんし、謝罪することを否定し、従軍慰安婦についてはどこの国でもやっていたと正当化しています。つまり日本の歴史は間違ったことをしていない栄光の歴史であると言いたいのでしょうね。お話を伺うと石破さんは、どうもそういう考え方ではなさそうですね。

石破　それはそういう見方だけなら、さぞ心晴れやかであるだろうとは思います。確かに似たようなことをどの国もやっています。アメリカだって白人がネイティブを侵略する形で西部に進出していった。ヨーロッパだって例えばイギリスのインドに対する政策、あるいはフランスのインドシナに対する政策なども決して褒められたものではない。

それに比べると日本の植民地統治はかなり規律正しかった。このことは誇っていいことだと思います。部分的だったかもしれないが、非常に厳格な統治を行い、現地の人々の文化や生活を尊重し、軍の規律も厳しかった。これは明治維新以後、日本が国際法の習熟を重視してきたからでしょう。しかし、それだけで「あれは全く侵略戦争ではなかった」と言い切ることはできないと思います。

——当然、侵略戦争だった。

石破　欧米諸国もやっていたように侵略戦争だった、ということでしょう。その中では日本は真っ当な統治をしたかもしれない。だけど侵略戦争の本質は消えるものではない。アメリカもやっていたじゃないかとか、ヨーロッパもやってたじゃないかというのは、子どもが何か悪いことをしたときに、「僕だけじゃないもん。○○ちゃんも△△ちゃんも、やってるもん！」とか言って、親が「○○ちゃんや△△ちゃんは関係ないの。あなたが悪いんでしょ」と言って叱るのと似たようなところがありませんか。

――日本の朝鮮半島や台湾の植民地支配、さらには中国大陸での侵略戦争は歴史的事実であり、近隣諸国に対して迷惑をかけたのだから謝罪をするのは当然のことだというお考えですか。

石破 そうだと思いますね。ですから、今の安倍内閣としても否定をしたことは一度もない。

となると一九九三年の従軍慰安婦に関する河野談話や、一九九五年の村山首相の戦後五十年の首相談話というのは日本の政府として、統治者としてごく当たり前の内容であるということですか。

石破 確かに否定はしていません。しかし、積極的に肯定したかどうかは微妙ですよ。

――否定してないということは、肯定しているということです。

――この種の話になると必ず東京裁判の問題が出てきます。やはり六年前の『論座』のインタビューですが、石破さんは「東京裁判は間違っているところがあるが、受け入れたからこそ今の日本がある」と話しています。一方で、石破さんのいう心情的タカ派の人たちの中には、東京裁判を否定し、それに基づく歴史観を自虐史観と名付けて批判している人もいます。

石破　事後法で裁くというのは完全に法理に反するものであり、東京裁判のときの「平和に対する罪」なんて、それまではなかったわけだから、それは事後法で裁くということです。だから私は東京裁判が正しかったとは思わないし、そもそも法の理論に反するものであったと思っている。

しかし、日本国は東京裁判を受け入れたのです。それこそがサンフランシスコ平和条約の本質なのであって、それを否定するということは戦後日本の体制をすべて否定することにもなってしまうわけですよね。ですから私自身、東京裁判は間違っていたと思うけれども、それを肯定します。「東京裁判史観を受け入れるのは自虐史観の持ち主なんだ」という主張は、やや決め付けに近いかなあと思います。つまり、東京裁判を否定したとして、それでどうするのか、ということなのです。

——日本が東京裁判を受け入れたことを受けて、一九五一年九月にサンフランシスコ平和条約が締結された。そして、同じ日に吉田茂首相は日米安保条約に調印し、これらの条約を前提にして日本と極東の安全と平和が維持され、日本が独立国家として世界に存在してきたという歴史があるわけですね。ですからそのスタートラインを否定すれば、論理的に言えば日米同盟関係まで影響を与えることになるわけです。

石破　私はそのように考えますね。

――ですから現実的なタカ派にしてみると、東京裁判を否定するということは考えられないことですね。

石破　東京裁判で被告人全員の無罪を主張したパール判事の判決書は、日本人として読んでおくべきものではないかと思います。あの法廷においてパール判事のような意見が述べられたというのは、翻って言えば、東京裁判が単純に勝者が敗者を裁くだけのどうにもならない裁判では必ずしもなかったということを示しているのではないでしょうか。

東京裁判を否定するならば、ではその後、戦後わが国が歩んできた歴史についてはどうするのか、そしてこの先わが国は諸外国とどのように付き合っていくのか、というところまで含めて考えなければならないと思います。これについても、現代を生きる日本人として、建設的な議論が必要だと思います。

従軍慰安婦問題と外交戦

――最初は日韓間だけで話し合われていた従軍慰安婦問題ですが、次第に欧米諸国はじめ各国が関心を持ち出し今やグローバルな問題になっています。アメリカやヨーロッパでも話題になるようになったのは、日本の植民地支配、あるいは旧日本軍の行動が問題だというよりも、日本という国、あるいは一部の政治家の女性の人権問題に対する感覚や認識が国際社会のスタンダードからかけ離れているのではないかと思われているからでしょう。

国内には、日本軍が強制的に連れて行ったのではないのだから問題ではないと、強制性の有無を取り上げて自己正当化しようとしている人たちがいます。こうした主張は国際社会では受け入れられるはずがありません。その結果、逆に韓国の主張が支持を得て世界中で話題になってきた。つまり歴史問題がいつの間にか人権問題、男女の性差別の問題になってしまったのです。

石破 旧日本軍が組織的に女性を追い立てて有無を言わさずそういう行為に駆り立てたことを狭義の強制連行と言うならば、それはなかったのでしょう。一方で、金銭という対価を得てそういう労働を提供した女性がいたこともまた事実だったと思います。そこは今後さらなる検証はあってしかるべきだと思うし、他の国においてそういうものがあったかどうかということもあるでしょう。そして戦場において軍の組織にとって、極限の精神状況の中でいかにして兵士の心や体の平穏を維持するかということが課題であったことも間違いない。しかし、じゃあ、ああいうことをやってよかったかって言えば、そうではないでしょう。

しかも、ご指摘の通り、これを論じているのは現代ですから、既に基準が変わってしまっている。だからそこでわが国がどんなに「いわゆる狭義の強制連行なんかなかった」と言っても、少なくとも現代の国際常識からは乖離していると思われてしまう。

韓国はこの問題を使っていろんな外交戦を展開しています。やはり外交は戦いですから、韓国の動きに負けないためにどういう手法が一番よいのかということはしたたかに、かつ冷静に考えるべきでしょうね。

——日本政府はこの問題についての外交戦のツールを十分に持っていると思います。政府は一九九三年に河野談話を出しています。それを受けて村山富市首相が一九九五年に「女性のためのアジア平和国民基金」を創り、実際に被害者に首相の謝罪文を出してお金を渡すという行為までやっているわけですね。欧米諸国では日本は何もしていないという誤解も少なくないので、日本政府の対応を説明することはできます。ところが一部の議員らが強制性はなかったから間違ったことをしていないと主張するから、誤解されているのではないでしょうか。

石破　そこは「一部の議員の主張のせい」だとは言い切れないと思います。ただ、アジア女性基金があまり知られていないのはその通りかもしれません。また、日韓の間での賠償問題は外交上、終わっているにもかかわらず、二〇一一年八月、韓国の憲法裁判所が「韓国政府が日本軍慰安婦被害者の賠償請求権に関し具体的解決のために努力していないことは違憲」という判決を出した。これは、相当行き過ぎた判断だったと思います。

——日韓両国政府間の合意、それに基づく条約や協定を踏まえていない、かなりひどい判決で国際法をきちんと理解していない内容ですね。

石破　そうですね。そしてこの判決に、当時韓国の大統領だった李明博氏が引きずられて、日韓首脳会談で従軍慰安婦問題を取り上げたのでしょう。この判決は李明博政権としては誤算だったのかもしれません。韓国の政府と最高裁で主張が違うわけですから、日本から「この判決はおかしい」と言い過ぎてしまうと、内政干渉にもなるし韓国政府を困難な立場にしてしまう。

賠償問題は決着している。従って今から新しく国民の税金をもって償うということは、法的にはできない話なんです。だからこそ、アジア平和基金を創りお見舞金を渡した。ところがそれを受け取った人に対して韓国では大変な非難があったという。これはどうにも理解し難いところがありますね。

——韓国の裁判所では、植民地時代の日本企業による戦時徴用について、徴用された韓国人原告側の賠償請求を認め、日本企業に支払うよう求める判決が相次いで出ています。この問題も政府間では決着済みとしています。ですから韓国の政府関係者や有識者は一連の判決にどう対応するべきか、とても苦しんでいるようですね。

石破　そうでしょう。日本としてやるべきことはやっているわけですから。天皇陛下も総理も申し訳なかったと言っているし、賠償も終わっている。だから女性基金を創って対応したのです。このことは確かにもっと世界に主張してもいいでしょうね。

——一方で、慰安婦問題で日本政府がこれまでやってきたこととは正反対の動きが日本国内にあることも事実です。それは歴史認識問題についても同じです。小泉純一郎首相は毎年、靖国神社に参拝しましたが、日中、日韓首脳会談は相互訪問でなくても第三国においてある程度実現していました。また、小泉首相の参拝について、広く国際社会から批判や懸念の声は出てきませんでした。ところが二〇一三年十二月の安倍首相の参拝では、中韓両国のみならずアメリカやEUからも懸念の声が出ました。それは日本がこれまで歴代首相が示してきた戦前の歴史あるいは東京裁判に対して示してきた認識をひっくり返そうとしているんじゃあないかという不安感を世界に与えているからではないですか。

石破 そんなことは全くありません。確かにいろんな国から参拝に対する反応は出ました。しかし、我々政権としては、これまでの政府の考えを変えるようなことはないんだということを一生懸命説明するしかありません。

もし、先般の参拝によって日本に何らかのダメージが生じたのであれば、それを払拭し誤解を解いていくしかない。なぜなら安倍政権は、戦前の日本に戻ろうとか、東京裁判史観を否定しようとか、そんなことは一切考えていないからです。

党内抗争と靖国問題

——現実主義的な方たちと感情的、情緒的な方たちは、かつては党内で激しい議論をしていました。例えば内閣総理大臣がタカ派的な政策を打ち出そうとしたら、党内のハト派が党の会議で批判をしたりしていた。時には主流派、反主流派に分かれて激しく対立していました。もちろん、だからと言って離党したり新党を作るわけではありません。しかし、党内の活発な議論が結果的に、ある種の安定感とか秩序を形成していたような気がします。それに比べると、昨今の自民党はそういうことが減って、モノトーンに見えますね。トップが言えば、みんながそれに従って支えている。自民党にはもっと多様性があったと思いますが、それは消えたのですか。それとも、民主党が大混乱した挙げ句に分裂し、政権まで失ってしまった直後なので、その反動なんですか。

石破 まず、もう党内抗争なんかしていても誰も喜ばないということがわかった、ということがあると思いますね。

民主党の失敗は何だったのか。誰が政権や党を仕切っていたかといえば、小沢一郎氏だった。鳩山由紀夫氏は小沢氏の言う通りにやって、結局政権を崩壊させてしまった。菅直人氏のときは、党内で誰も菅さんを支えようとはしていなかった。野田佳彦さんのときだってそうですよ。こういう内輪もめみたいな状態は国民が最も嫌悪するところでしょう。だからこそ、総選挙に勝って政権に戻ってきた自民党はもうあんなことはしないよね、という国民の期待を裏切るわけにはいきません。かつての自民党みたいに党内抗争に明け暮れたりはしないよね、ということです。今一番大事なのは復興と経済政策なのであって、とにかくこの優先政策に邁進する安倍政権を、党内みんなで支えてほしい、ということなんじゃないんでしょうか。

――それにしても、議論が少ないのでは。

石破　私はそうは思いません。党内の議論はどのような問題にせよ、それなりに活発だし、若い議員たちも積極的に発言してきていると思います。しかし、歴史の問題については、現在目の前にある多くの政策課題とは違いますよね。一呼吸置くというか、もうちょっと自民党の議員一人ひとりがよく考えるところから話は始まるんだと思います。それは、こう言えば有権者に受けるだろうとか、これを言ったら非難を浴びるだろうとか、そういうことから離れて考えてみる、ということです。

義務教育における歴史の勉強っていうのは、だいたいよくても日露戦争あたりまで、下手すると明治維新あたりで終わるわけです。縄文式土器や弥生式土器がどうだという知識を否定するわけではありませんが、それはいわば考古学の世界であって、これから先を生きる上での重要性ということを考えれば、やはり現代史をよく勉強するべきだと思う。異なる立場、多くのものの見方を学んだ上で、自分で考えて選択することが重要だと思います。

教育システムとして現代史をもっと重視するように変革することも大切ですが、まずは為政者たる国会議員として、どのような立場に立つにせよ、現代史をなるべく広く深く勉強するということが大事なのではないでしょうか。

例えば、靖国神社についてなぜ軽々に語ることができないかというと、それぞれの歴史観、それから靖国神社とはそもそも何なのかという問題に触れていくものであって、ここを突き詰めていくと各人の皇室観に直結する問題だからなんですね。靖国神社というのは、陛下の赤子たる国民が陛下の命によって戦地に赴くこと、そして散華するということは名誉である、それを具現化する神社だとみんな思っていたし、その祭主は天皇様であらせられたわけです。ですからどんな人でもお祀りしてもらえる、そして天皇陛下が祭主としてお祀りして下さる、というのが「約束」だったのです。

では、なぜ先帝陛下がある時期から靖国神社にお参りにならなくなられたのか、なぜ今上陛下はお参りにならないのか。その問いを避けて通ってはならないのだと思います。そして話は、A級戦犯とは何だったのかという問いにも発展していくでしょう。彼らにもいろいろあった、その中で自ら進んで、あるいは従容として刑場の露と消えることを選んだ。それは日本という国を守るためにしたことだと私は思いますが、では彼ら自身は本当に靖国神社に祀られることを望んでいたのだろうか。彼らが守ろうとしたものは何だったのだろうか。

このようなことは、そもそも政治の場、自民党という政党の中で議論されるべきことなのでしょうか。

先帝陛下が何をお考えであったのか、今上陛下はいろいろとご存じのことでしょう。しかし畏れ多くも我々政治家などが、陛下のお気持ちを取り沙汰するなどあってはならない。だからこの議論は悩ましいのです。

——天皇陛下がこの問題についての考えを直接、表明することはありえないでしょう。しかし、昭和天皇についてでも侍従の日記とかいくつかの資料が公になり、そこから昭和天皇がどう考えていたかがある程度浮かんでいます。宮内庁長官だった富田朝彦氏が残したメモには、昭和天皇がA級戦犯合祀に強い不快感を示し「だから私はあれ以来参拝していない。それが私の心だ」と語ったことが記されています。歴史的事実として、昭和天皇は戦後八回、靖国神社に参拝していますが、一九七九年にA級戦犯の合祀が公になって以降は一度も参拝していませんし、現在の天皇も即位後、一度も参拝していません。つまり、昭和天皇がA級戦犯の合祀を快く思っていなかったことは明らかでしょう。

石破　明らかだと言い切ることは私にはできません。

――戦死した親族が祀られている人たちや一般の国民が参拝することは別にして、こうした事実を踏まえれば、それなりの地位にある人が靖国神社に行って「亡くなった方の冥福を祈り、平和を願う」と言って手を合わせる行為については、疑問があるのですか。

石破　一般の方々が純粋な気持ちでお参りされることに問題があるはずがないし、総理が行くことも、一個人としてであればそれ自体は問題ないとは思いますが、本質は総理や政治家がお参りすることではないと私は思っているのです。それは陛下にお参り頂くことであると思いますし、陛下にお参り頂く環境をどう作るのかが、英霊に対する我々の責務だと思っています。

――それはA級戦犯を分祀するということですか。しかし、靖国神社は分祀はできないと言っています。

石破　具体的にその方法が分祀なのかどうかを私が今軽々に言うことはできません。ただ、靖国神社は戦後、一宗教法人となってしまいましたから、教義として分祀はできないということであれば、強制することはできません。

――福田内閣時代には、靖国神社とは別に新しく無宗教の国立の追悼施設を造る話も出ましたが、立ち消えになっています。

石破 そうですね。

――個人として純粋な気持ちで参拝することは問題ないということですが、百五十人あまりの国会議員が隊列を組んで参拝するのは本来の参拝とは違うような気がします。ある英字新聞では「抗議や戦いのために行進する」という意味の〝march on〟という表現が使われていました。あれは参拝というよりも、ある種の示威行動ですよね。

石破 そうでしょうか。それは一応、全国民の代表者たる国会議員が行くのだから、また別の対応があるだろうということでしょう。参拝をしたいという国会議員は大勢いるのですから、一人ひとりに対応していたら、他の参拝者に迷惑をかけるという点もあるのではないでしょうか。だからみんなが集まって行っているのではと思います。

――本来の姿の参拝であるのなら、あらかじめ日時をマスコミに連絡して、記者を集め、カメラの前を通っていく必要はないでしょう。まるで集団行動を内外に発信するためにやってるようです。

石破 そこはなぜみんなで行くのかということを、もうちょっとちゃんと説明すればいいいんじゃないですか。

――参拝を全面的に否定することは間違いだと思いますが、参拝というのは一人ひとりの心の問題であって、意図的に他人に見せるものではないですね。元首相の森喜朗氏は首相のとき、参拝すれば内外に深刻な波紋を呼ぶと考え、千鳥ヶ淵戦没者墓苑に参拝した機会に、公用車に乗る際に靖国神社の方向に向かって頭を下げたそうです。これでも十分な参拝の気持ちの表現だと思います。

石破　そうですね。それは森総理の高い見識であると思います。

――国会議員の集団参拝の方は参拝後、マスコミの取材に積極的に答えている人もいます。そういう人たちにとっては、静かに参拝するのでは意味がないのでしょう。これはもうある種の政治的行為ですね。

石破　逆に言えば、なぜ毎年毎年マスコミはそれを取材し、インタビューするのでしょうね。

安倍政権をいかに支えるか

――お伺いしていると、歴史認識問題や靖国神社参拝問題についての考えは必ずしも安倍首相と同じというわけではないですね。自民党幹事長というのは政権党のときは実質的に党の最高責任者ですから、全体状況を見ながらときには内閣総理大臣に忠告をするとか、あるいは党内の跳ね上がり者や突拍子もない行動をする人たちを呼びつけて注意するとか、もっと積極的に動いたり発信してもいいような気がします。もちろんそれは民主党がやったような党内抗争、そして分裂につながるような無意味な争いごとという次元ではなくて、国家を統治し党を守っていくという観点からですが。

石破　それは総理も私もそれなりに政治家を長くやっているのですから、いろいろな問題について全く同じ考えという方がおかしいでしょう。

私は、政権や自民党に対する批判をどれだけ総理のところに持っていかないで、自分で被るかが大事だと思っています。だから沖縄の名護市長選で敗れたのも私の責任ですし、東京都知事選挙でかつて自民党から除名したことのある舛添要一氏を擁立することになったのも私の責任。それでいいんです。

マネジメントが私の仕事ですから、今おっしゃったようなことはすべてやっていますよ。それがマスコミの耳目を引かないだけです。それも私はいいことだと思っています。マスコミの餌食になるというのは、ある意味マネジメントの失敗でしょうから。

とにかく、まずは復興と経済です。震災と原発事故からの復興が進むこと、消費税率を八パーセントに引き上げても経済が失速しないこと、これが全国民が望んでいることであって、それができなければ、他にどのような政策を遂行してもご支持は頂けないものと思っています。憲法改正、集団的自衛権の解釈の見直し、社会保障制度の改革、教育制度改革、何をやっていてもすべては水泡に帰すわけです。だからこそ、その優先順位を間違えないように、そして内閣が一定のご支持を頂いて、他の重要政策も進められるように環境を整える。そのために党が全力で政権を支え、批判はすべて党で受け、党内の不協和音が表に出ないようにマネジメントするのです。

――そんなに不協和音ってあるといけないものなんですか。健全な議論であれば、大いに結構ではないですか。

石破　健全な議論はありますよ。だから若い議員たちに対してもよく自分で勉強して下さいと言っていますし、党内の政策活動も活発です。もちろん選挙にも強くあれと言っています。ただ、「不協和音」と報じられるようになったら、それは政権の基盤を弱めてしまうことになるではないですか。事実がどうであるかと、マスコミにどう報じられるかはまた別ですから。

教育改革

――安倍内閣の下での経済政策は、これまでのところ順調に進み景気も回復軌道にあるようです。経済以外の政策についてお伺いします。さきほども触れて頂きました教育改革ですが、自民党がまとめた報告書にもありましたが、教科書検定のあり方の見直しについて、現在の教科書には自虐史観に縛られたような記述があるとか、伝統文化に関する題材がもっと取り上げられるように改善すべきだとか、さらに領土問題などで政府の見解をもう少しきちんと載せるべきだとかっていう意見が強く、一部は政府の方針にもなりそうですね。また道徳を正規教科にする方針も打ち出されています。こうした主張は石破さんの分類を借りると、心情的タカ派の主張に属するものであり、彼らの主張が具体的な政策にどんどん反映されているような気がします。

石破　いや、必ずしもそうは思いません。私は今の教育の中で、日本の偉かった人の話がほとんどないことはおかしいと思っています。本屋さんに行っても偉人伝の全集ってほとんどなくなりましたよね。やっぱり昔の人たちがどんなに苦労しながらこの国を創り上げてきたかとか、あるいはそんなに有名な人じゃなくても大変善行を積んだ人がいたこととか、そういう具体的なわかりやすいお話に接しないと、子どもたちの心には訴えないと思います。また、道徳なるものがきちんと教えられ、最低限人に迷惑をかけず、できれば一つでも人の役に立つことをしようよという風に考えるような人間を創ることは、大事なことだと思っています。

また、日本の伝統文化というものについて理解を深めるということは、他国の伝統文化を重んじることにも通じるものがあります。もちろん、それが日本だけは正しいみたいな考え方になってはいかんけれど、日本の文化も語れない者が、他国の文化を本当に大事にできるかと言えば、そんなことはあるとは思いません。行き過ぎにはならないように配意する必要はあるでしょうが、今の方向性は誤ってはいないと思います。また、歴史教育についてはこういう見方もあるが別の見方もある、だから君たちはどのように考えるかということが重要だと思います。

――石破さんの説明や解釈は、とても現実的で合理的ですが、党の報告書に書かれている内容は少し違うんではないですか。心情的タカ派の人たちが書いているせいかもしれませんが。

石破 誤解されると困りますが、便宜的に「心情的タカ派」と言ったからといって、それが悪いということではありません。むしろ理念が明確になって議論が進むこともあります。そして報告書になるまでには党の中で多くの議論と手続きを経ているのであって、まとまったからにはそれが自民党としての考え方です。

憲法改正をどうするか

――憲法改正問題について伺います。自民党は既に改正案をまとめて公表しています。石破さんは自民党の憲法改正案に対する批判に対して、一つひとつ反論し、その内容の正当性を主張されています。そもそも立憲主義というのは、憲法は国家権力を制限するためのものであるという西欧流の考え方です。ところが自民党内には、この考え方は王政時代の名残であり、近代民主主義国家においてはもう古い考え方だという主張があります。安倍首相は二〇一四年二月の国会答弁で立憲主義について、「憲法について、考え方の一つとして、いわば国家権力を縛るものだという考え方はありますが、しかし、それはかつて王権が絶対権力を持っていた時代の主流的な考え方であって、今まさに憲法というのは、日本という国の形、理想と未来を語るものではないかと思う」と答弁しています。そして、憲法にはもっと国民の義務を明記するべきであるという新しい憲法観を主張する人が目立ちます。私の考え方はそういう意味では古いのかもしれませんけど、憲法についての考え方は西洋的な立憲主義であるべきだと思っているんですが、石破さんはどうですか。

石破　古い、新しいというよりは、「権力からの自由」に「権力による自由」が付加された、あるいは夜警国家的な「自由主義国家」から「福祉国家」への変遷、ということでしょう。昔からの考え方では憲法は権力を制限するもの、あるいは権力に対する命令ということですし、それは日本国憲法においても三権分立の原則などという形でしっかりと受け継がれています。しかし、それだけではなくて、所得の再分配とか、最低限の福祉の保障とか、そういうサービスの実現のために、国家が国民に対して義務を課すという内容もある。だから立憲主義はきちんと残っていると考えますね。

――様々な要素が入るのは当然であって、重要なのは何を重視するか、あるいはどちらに比重を置くかということだと思います。当然、自民党の中にも異なる考え方があるでしょう。

石破　まあ、そうですけど、それはやはりアウフヘーベン（止揚）するものじゃないんでしょうか。

——最近、話題になったのは、婚外子に関する差別を解消するため、婚外子の遺産相続の取り分を婚内子の半分とした規定を削除する民法改正問題ですね。最高裁が違憲であるという判断をしたため、改正が必要になったのです。ところが自民党の法務部会では保守系議員から、婚外子への格差をなくしたら、事実婚が増えて伝統的な夫婦や家族が崩壊するというような反対論が相次ぎました。挙げ句には「最高裁が言ったからといって、なぜ改正しなければならないのか」という意見も出たそうです。法改正は昨年（二〇一三年）、成立しましたが、自民党ってすごく古臭い人がいっぱいいるんですね。

石破　ただ、この話は非嫡出子に何の責任もないわけですよね。私はむしろ、それまで夫を助けてきた妻の立場をどう保障するかという話なんだと思っています。嫡出子であれ非嫡出子であれ平等だということはそうなんでしょう。しかし、財産を形成するにあたって助けてくれた妻というものをどう遇するのか。正妻もそうじゃない者も一緒だという考え方の方が、問題なんじゃないんでしょうか。正妻の立場をきちんと主張する、法的に保障する、ということで家族は守られるべきでしょう。日本は法律婚にウェイトを置いているわけですから。

——党内議論の方向性は違いましたよね。

石破　家族をどう守るかという観点ではそう違いがあったとは思いませんし、政務調査会での議論と手続きを経て決まったことは党全体の決定ですから。

——幹事長はあちこちに気を使わなければならないですね。

石破　今までの歴代幹事長はすごかったなあ、としみじみ思いますよ。ある副幹事長に「今までは一度でいいから幹事長をやってみたいと思っていたけど、石破さんを近くで見ていたら、やるもんじゃないってことがよくわかった」と言われてしまいました。帰宅後の疲労感もすごいですが、朝も恐ろしい。また朝が来ちゃったという気持ちです。

中国、韓国との付き合い方

――民主党政権最後の頃から日中、日韓関係は完全に膠着状態です。そして両国が世界各国で日本批判を活発に展開しています。特に韓国の朴槿恵大統領の言動は、一国のトップがここまでやるかというほど激しいものですが、だからと言って日本がそれに対抗して中韓両国を批判しても建設的ではない。不毛な非難の応酬になってしまうでしょう。こういう状況はどうすればいいでしょう。

石破　二〇一四年三月、オランダのハーグで開かれた核保安サミットの機会を利用して、米国の仲立ちという形で日米韓三ヵ国の首脳会談が実現できましたよね。日韓両国は同盟国である「ハブ」としての米国が、良い役回りをしてくれたと思っています。

我々は国のかじ取りをお任せ頂いているのですから、好き嫌いで動くことはできません。大切なのは国益であって、それを考えたら、もう中国も韓国も嫌だから相手にせず放っておくというようなことはできないでしょう。相手国は何を狙っているのか、向こうだって国益の実現のためにやっているわけですから、その上を行くやり方は何なのだろうかと考えねばならない。とにかく我々が本当に話せる相手だと思ってもらえるための努力をしていかなければならないのです。

――外交関係がここまで悪化すると、国内では必ずと言っていいほど中国・韓国けしからんという空気が強まります。そして、膠着状態を打開するためにじっくりと相手の話を聞いてものを動かそうとすると、そういう対応は弱腰だとか譲歩だと批判される。これは歴史の常ですね。特に国会議員は選挙によって選ばれていますから、社会の空気に敏感で、国民に気に入られ人気が出るような行動を取りたがります。外交関係が緊張を高めると、感情的にいきり立った国民と心情的タカ派がタイアップして、政府が身動き取れなくなってしまいかねないですね。

石破　私が発言しているようなことを言うと格好よくないし、世論から拍手もしてもらえないでしょう。石だって飛んでくるかもしれない。今回の東京都知事選挙についても、「安倍首相の意中の人は元航空幕僚長の田母神俊雄さんだ。それをサヨクの石破幹事長が安倍首相の外遊をいいことに、あの舛添氏の推薦を決めてしまった」とか批判されていたそうです。もちろん、全く事実ではありませんが、思い込みというのはそりゃあすごいもんですね。

――どうすればそういう党内の空気、社会の空気を変えることができると思いますか。

石破　それは政治家の側が、「格好いいことを言って、国民に受けたい」という欲望にどうやって打ち勝つかでしょうね。

――小選挙区制になって、そういうことはますます難しくなっていませんか。

石破　そんなことはないでしょう。有権者と向き合い、語り合っていく中で、「ただ格好いいことを聞きたいわけじゃない、将来の日本にとって大切なことは何かを教えてくれ」というニーズにきちんと答えようとすれば、まじめに勉強して解を見出す努力をせざるを得ません。私だって、まだ落選していないわけですから、そういう冷静な有権者の方々も多いということだと思います。

2 山口那津男との対話
憲法解釈と集団的自衛権

山口那津男（やまぐち・なつお）

公明党代表

一九五二年、茨城県生まれ。一九七八年、東京大学法学部卒業。一九八二年、弁護士登録（東京弁護士会）。一九九〇年の総選挙に公明党公認で初当選し、細川内閣で防衛政務次官。一九九六年の総選挙で落選したが、二〇〇一年参議院選挙に当選して参議院に転じた（当選回数は衆議院二回、参議院三回）。党政務調査会長などを経て二〇〇九年から現職。

――この十数年間の日本の政治や社会を見ると、どんどん内向きになると共に余裕がなくなってきています。経済は低迷し人口が減り始めてくるなど、日本全体の調子が悪いので国民が自信を失ってきているのかもしれません。特に外交では中国や韓国という隣国が経済成長を続けずいぶん威勢がいいためか、日本国内ではこれらの国に対して威勢のいい感情的な声が大きくなってきています。もちろん中韓両国の言動に受け入れ難いものがあることも事実ですが、もっと落ち着いて外交や安全保障政策を考えようという人たちの声が小さくなっています。わかりやすく言えば、保守とかタカ派と言われる勢力の存在が大きくなり、リベラルとかハト派の姿が見えにくくなってきています。

公明党は結党以来、一貫して中道路線を掲げ中国はじめ近隣諸国との関係を重視し取り組んできています。こういう閉塞状況をどうお考えですか。

山口　日本が直面している外交の様々な課題の背景にやはり大きな国際環境とか当事国の力関係が必ず横たわっていると思います。しかもそれは相対的な関係でもあるわけです。例えば冷戦時代の日中、日韓関係と比べてみれば、中国、韓国共に経済的にも社会的にも大きく成長し発展してきています。要するに両国が国力をつけてきたのです。かたや日本の場合は、高度成長期に圧倒的だった経済力は一九九〇年代のバブル経済崩壊以後、低迷を続けている。なるほどGDPなどの絶対値は依然として大きいですが勢いがない。さらに急速な少子高齢化の進展で社会構造も大きく変わってきた。つまり、日中韓の三ヵ国のそれぞれの勢いや力関係のバランスが、冷戦時代とは大きく変化したのです。
こうした変化の中で力をつけてきている中国や韓国の自己主張が当然、強まってきます。それに対して日本が従来の主張を繰り返しているだけでは、なかなか関係を維持するのが難しい。つまり、現在は新しい関係というか均衡のようなものを模索し形成する過程にあるのです。日本だけではなく、各国がもがき試行錯誤しながら次の時代の外交関係の姿を探し続けているという状況だと思います。

変化した日中関係

——それにしても日本国内の空気は寛大さや余裕を失って、とても狭量になっているように思います。どうやって克服していけばいいでしょうか。

山口　狭量さは国民が少し自信を失いその分強く出ようという、いわば弱さの裏返し、あるいはコンプレックスの裏返しのような部分があるでしょう。寛大さをなくした主張や態度は相手からは必ずしも説得力のあるものとは受け止められない。確かに日本は苦しい状況に置かれていると思いますが、これからの日本は他者からどう見られるかということをよく認識しながら、自分たちの言動を展開していかないといけないでしょう。

——国民だけではありません。政治の空気も変わり、近隣諸国との関係で寛容さや余裕がなくなってきました。

山口　社会の空気の変化を政治が受け止めて反応して、政治の対応にも変化が生まれてきたと見るべきだと思います。日中関係について言えば一九七二年に国交正常化しましたが、両国の関係が簡単にいい方向に進んできたわけではなくて、あれこれ模索しながら進んできたわけです。当初は冷戦時代でもありお互いの政治体制や考え方、経済システムが違う中でどう付き合っていくか難しかった。中国側は過去の歴史、特に第二次世界大戦時代や日中戦争時代の歴史を重視しました。中国政府にしてみれば中国の人民に政府が日本に対してきちんと対応していることを示さなければならない面があると同時に、歴史問題への対応を背景にして日中関係も改善すべき部分や主張しなければならない部分を持っていた。そういう側面を持ちながら日中の難しい関係が紆余曲折を経ながら進んできたということだと思います。

正常化した当初は、当時の言葉で言えば「熱烈歓迎」とか「友好親善」が強調され、国民の間にもお互いが歩み寄ろうという空気が強かったです。一方で中国から歴史問題について厳しい主張が突き付けられると、そうした圧力をうまくかわしていくだけでは済まない、日本の側にも言うべきことは言おうという主張が出てきて、それで対応が変わってきたという面もあると思います。

——日中関係という困難な問題についてこれまでの歴史を見ると、田中角栄首相や福田赳夫首相が事態打開に積極的に動き状況が転換しました。二〇〇〇年代も安倍晋三首相が戦略的互恵関係を構築しました。つまり、その時々の為政者が強い意志と目的を持っていれば、前に進めることができるのではないでしょうか。日本の調子が悪くて国民の空気がどんどん暗くなってきても、指導者が国民に対してきちんと説明し理解を求めて行動すれば、対外関係を新しいベクトルに持っていくことは可能ではないでしょうか。もちろん同じことは中国にも言えるのですが。

山口　できます。十分にできます。対外関係はリーダーの姿勢によって大きく変わると思います。これまで多くの中国の指導者が日本にやってきて、私も何度もお目にかかっています。江沢民主席のときはやはり緊張感が漂っていました。日本側の対応も硬かったです。

――一九九八年の来日のときのことですね。中国側が侵略に対するお詫びを共同宣言に明記するよう求めてきたのですが、当時の小渕恵三首相は一九七二年の日中共同声明で既に触れているとして拒否しました。そのため江沢民主席は首脳会談などで繰り返し日本を批判して、逆に日本国内で反発を受けることになりました。

山口　江沢民主席はもちろん日中関係を深めるために訪日したわけですが、当時はなかなか日本側も同調し切れないような構えた空気が漂っていた感じがありました。中国の経済発展は日本との関係なくしてありえないわけで、技術や資本の移転などは不可欠です。経済成長によって相互依存がどんどん強まっていくわけです。だから政治の側は相互依存が一層深まるような関係を作っていくために、国民感情の融和や改善を含めてリードしていかなければならないのです。

——これまで日本側の対応の変化について伺いましたが、中国について言えば、特に近年、日中関係だけでなく国際社会における中国の振る舞いはあちこちで摩擦を起こしています。例えば南シナ海での領土問題などでの中国の強引な動きは国際社会のルールを逸脱していますね。背景には中国共産党内の権力闘争や中国社会そのものの抱えている問題などがあるのかもしれません。こうした中国との関係を改善し発展させていくことはとても難しいです。

山口　中国の持つポテンシャルはいやが上にも大きくなっていくでしょう。そして、国が発展すればするほど対外関係というのはその国が作り出した製品の販売、そのための資源の獲得などを含めて、どんどん大きくなり厚みを増していきます。だからこそ国際社会との調和や協調が重要で、そういう役割や振る舞いが求められるわけです。

ところがあれだけの大きい国ですから、国民を納得させると共に国の威信や統合を保ちながら国際社会で協調するということが簡単ではなくなってきているのです。例えば日中関係は周恩来首相の強いリーダーシップの下で国交正常化しましたが、今の時代の中国では特定の指導者がかつての周恩来首相のような強いリーダーシップを発揮しにくくなってきている。そういう社会変化が中国の中で起きていると思います。

確かに中国は民主主義国家ではないですが、それでも情報や人の交流がかなりオープンになって、実質的にはどんどん開けてきています。一方で中国共産党は一党支配を維持しようとしている。オープンになってきた社会の変化と一党支配の維持という二つのことのギャップがどんどんと大きくなってきている。一方、国際社会の仕組みは中国とは異なるシステムに基づいて作られている。中国がその国際社会に協調し同調しようとしても、なかなか簡単ではないからもがき試行錯誤している。それが今の中国ではないでしょうか。

――中国の指導者は様々な機会に日中関係の重要性を強調していますが、一方で尖閣諸島の周辺に公船が頻繁に現れ、領海侵犯を繰り返しているのも現実です。

山口　もう「鶴の一声」を期待する時代じゃないわけですよね。中国政府にもいろんな部門がある。中央で何かコンセンサスや方針を作って、各部門がそれに従って進むという状況を作り出すこと自体が簡単ではなくなってきているという気がしますね。特に中国の仕組みは難しい。

　例えば日本をはじめ多くの国は他国と付き合うときは政府同士の関係や交渉が重要です。しかし中国の場合は外交部とか国防部、商務部などの政府部門よりも、それらの後ろに控える中国共産党組織がより上位に位置しているのです。だからいくら政府の担当部局の事務レベルの責任者と表面的な合意をしても、それが必ずしも国家としての中国の意思決定にはならない仕組みなのです。だから日本が中国と本当に深い関係を作ろうとするのであれば、中国共産党の政治的実権を持つ人たちと交渉して合意を作り出さなければならない。そうしなければ安定的な関係はなかなか作れないと思います。

近年、日中韓でも事務レベルでいろんな折衝や交渉がなされていますが、最後に政治家がきちんとやらなければ合意は確定しません。小泉政権時代に首相の靖国神社参拝問題が原因で日中関係が非常にまずくなったが、後継の安倍首相が訪中して戦略的互恵関係という新たな関係を作った。さらにそれを基にして福田康夫首相が両国間の重要な政治文書に仕上げた。中国との関係ではこういうことが必要なのです。

現在のように日中関係が悪くなっている状況を招いたのは、やはり政治家同士の信頼関係つまりパイプを作り出す努力が必ずしも十分ではなかったためで、よく考え反省しなきゃならないと思います。

――確かにかつては日中の大物政治家の間にいわゆる「パイプ」が存在し、何か問題が起きるとこの人たちが動いて解決していました。しかし、そうした関係というのは今はほとんど消えたと言われています。それは中国側の要因も大きいのではないでしょうか。日本には中国との関係が大事だと思う国会議員が少なくないです。しかし、彼らがいくらアプローチしても、中国側が日本の政治家と個別に深い人間関係を作ろうとしない。それどころか下手に日本の政治家と付き合えば、中国共産党内部の権力闘争で排斥されたり弱い立場になるという状況があるのではないでしょうか。それだと政治家同士の関係を大事にしようとしても、なかなか難しいですね。

山口　だからと言って日中でいい関係を作るにはどうしたらいいですか。他に手段がないでしょう。だからやっぱり重層的多層的に関係を重ね広げていく。その上でのコンセンサスを形成していくしかないのです。

外交力の衰退

――それはそうですが、日中の政治家同士の交流など現状はいかがですか。

山口　今は極めて細く弱くなってしまった。日中共に世代交代が進んでいますから、一度築いた人間関係も古くなり役に立たなくなっているわけです。だから日中双方に次の世代、次の世代へと広く深くつないでいく努力が必要なんです。日本の場合は残念ながらそのための政治の努力が不足していたと思います。

――それは日本の政治家が日中関係をはじめ外交に関心を持たなくなってきたということですか。

山口　単に近隣諸国との関係だけではなく、この二十年ほど日本のトータルな外交力が非常に弱くなったと思います。それは日本が内政にエネルギーを費やし過ぎるからだと思います。政治の面で言えば、衆議院の選挙制度が中選挙区から小選挙区中心の制度に変わった。議員や政党は小選挙区で議席を維持したり政権を維持したりするために膨大なエネルギーを費やさなければならなくなった。しかも選挙のときだけではなく、日常的に政党や政治家の活動が縛られるようになったのです。さらに同じタイミングでバブル経済が崩壊して国民が経済の面で自信や余裕がなくなってしまった。

そうなると有権者は国会議員に対して外国に行くくらいだったら何で選挙区に来ないんだと言うようになる。外交は票にならないと言われるし、経済援助（ＯＤＡ）するような予算があるのならもっと国民に使えというような圧力にさらされる。また選挙に勝つためメディアに受けようという政治家や政党の言動が増えてくる。そうしたことの結果、外交が相当お留守になった気がします。

――それは強固な政党組織を持っている公明党においても同じですか。

山口　公明党においてもそうです。日本の場合、絶えず大きな国政選挙が間を置かずありますから、公明党のような小さな政党は一定の期間は選挙に集中せざるを得ません。そうするとやっぱり外国へ政治家が行くということはなかなか簡単ではないですね。

それは公明党がというよりも国会自体がそうなっています。海外視察はやめましょうとか延期しましょうとかいうことがよくあります。諸外国との議会間交流はもう必要最小限にしましょうとかね。国会全体が萎縮しているのです。まして政党が議員を派遣したり国会議員が個人で海外に行くのは、この二十年ほどはほとんどなくなっちゃったんじゃないですか。その結果、ヨーロッパでもアメリカでも東南アジアでも、そして中国や韓国でも、かつてあったような議員同士の関係がブツブツと切れてしまい、世代交代と共にそれが消滅してきている。新しい関係はなかなか築けないものです。

――最近の若い議員は外交や国際情勢に関心があまりないんですか。

山口　関心を持っていても、なかなか蓄積を作れないでしょうね。選挙制度が小選挙区制に変わって、もう外交どころじゃあなくなりましたからね。政界全体も、政党が離合集散して連立政権を作っている不安定な状態になってしまったので、外交に注ぐエネルギーが減ってしまった。

――国会議員が国際感覚を持ちにくくなっている中では、例えば中国との間で緊張関係が高まってくると、おのずと強気の安全保障政策や強硬な対中批判が前面に出てくるでしょうね。国民の間からももっと話し合うべきだという空気はなかなか出てこないし、逆に何か協調的な姿勢を打ち出せば弱腰だと批判されたり、もっと毅然とした外交をしろというようなお決まりの文句が出てきます。こうした状況はどうやって克服していけばいいですか。

山口　それはなかなか簡単には言えない部分もありますね。しかし、日中両国はやっぱり切り離せない関係であり、お互いに衝突しては困る関係にあります。それは二国間のみならず、アジア地域にも国際社会にも悪い影響を与える。もうそういう前提ができてしまっているのですから。

これまで国家主席の習近平さんとは何度か会いましたが、彼が会うたびに必ず繰り返して言うのは、日中平和友好条約にある文言そのままですけど、「覇権を求めることはしない」ということです。お会いすると毎回、重ねておっしゃいます。この発言、つまり条約にあるこの文言、これを文字通り両国が実行するということが大事で、そちらへ導いていく努力が大事です。中国が「覇権を求めない」と口では言うけど、やっていることは違うではないかと受け取られるようなことをやれば、日本がきちんと指摘することも必要ですが、さらに国際社会がそれを許さないという環境を作っていくことも重要だと思います。

――中国を見る国際社会の目線は多様で、ヨーロッパ諸国から見ると中国は安全保障上の脅威ではなくビジネスチャンスでしかない。アメリカも自己利益を実現するために中国と適度にうまくやりたいと考えているでしょう。ＡＳＥＡＮ諸国は各国が中国とは歴史的に異なる関係を持っていて、それぞれが中国との距離感を測っていて決して一枚岩ではない。そんな環境の中で日本がいかなる対中外交を展開するかというのは、戦略的にもとても難しいと思います。

山口　例えば安倍政権が現在、取り組んでいる外交は、いろいろ評価は分かれるかもしれませんが、少なくともこの十年、二十年、日本の政治ができなかったことをやろうとしていますね。例えばＡＳＥＡＮ諸国あるいはその他のヨーロッパも含めたいろいろな国との関係を開きながら、日本の存在を改めて認識してもらえるような努力をやり始めています。安倍首相を見ていると、毎月一回は海外に行くと自分で決めて、訪問先を決めていますね。

少なくとも今までの首相はＡＳＥＡＮ諸国には滅多に行かなかった。外務大臣ですらなかなか行かなかった。かつてはＯＤＡという便利な道具があって、これをずいぶん多用しましたが、これも削減が続きやりにくくなっている。そのため「手ぶらじゃ行けない」ということで外交が制約される。日本外交はそういうマイナス志向、縮み志向にずっと陥っていました。

だけど安倍首相は、とにかく会うことが大事だ、話すことが大事だ、そしてお互いの共通項を見出すことが大事だと考えて、まだ日本の地合いを高めるとまでは言いませんんけど、バランスさせようとしている。そういう行動を始めています。そういう対話の中でおのずと話し合いの中身も理解のされ方も、かなり違ってくる部分があるんだと思います。これは悲観的に考えても道は開けません。

——日中関係はなかなか改善していませんね。

山口　日中関係について言えば、国交正常化当初の友好ムードで作られた文化や芸術やスポーツなどの分野のパイプが、少し世代交代が遅れているようで古くなっています。こういう分野をもっと機能させるためには中国側も日本側も新しい世代が新しい関係を築き直して裾野を広げる必要があります。日中間にそうした基盤がないと政治が口角泡を飛ばして言い争うことになりかねない。また何かを生み出そうとしてもなかなかうまくいかない。現在の日中関係の一番悪いベースは両国の国民感情が悪過ぎるということですからね。

——昔から外交は世論によって規定されたり左右される部分が大きいです。日本だけでなく、中国の世論も反日感情がとても強くなっています。政治家がそれを突破して理性的、合理的な対応をすることはなかなか大変なことではないですか。

山口　大変ですけども、悲観して諦めたらもっと大変なことになってしまいます。一触即発のような緊張状態というのは、なくはないわけですからやるしかないでしょう。

集団的自衛権

――安倍政権は集団的自衛権についての憲法解釈見直しを進めています。冷戦時代と違い日本の安全保障政策はもっと現実を踏まえたリアリティのあるものに変える必要はあると思います。しかし、集団的自衛権については見直しの手法や方向性、タイミングが重要です。近隣諸国と領土問題などで緊張が高まっているときに集団的自衛権を持ち出すと国内の支持は得られるかもしれませんが、外交関係の改善にはつながりにくく逆に反発を買うかもしれません。

山口　まあ、そこは幅広く深く慎重に検討していく必要があると思うんです。少なくとも歴代内閣は集団的自衛権の行使には慎重で、冷戦時代からずっと維持してきた考え方であり、長い間の国の方針でした。要するに国防・安全保障の方針として定着しているのです。これは目に見えない法律、あるいは黙示の法、黙示の憲法があると言ってもいいぐらいだと思います。

そもそも憲法第九条の条文そのものを表面的に読めば、武力を使う実力組織の存在そのものを否定しているようにも読めないことはないでしょう。だけれども一般的な法の論理からして、他国から攻撃を受けたときに日本人が座して死を待つことを容認するとは考え難い。憲法は前文で平和的生存権を規定し、第十三条で生命・自由・幸福追求権を国政上尊重する政府の責任を規定していることからも、それを根底からくつがえす武力攻撃を見過ごしてはならない政府の責任があるからです。従って国民の生命・財産を守るために必要最小限の武力の行使は認められるとしている。憲法の文言の外に国民一人ひとりが正当防衛の権利を持っている、これは自然権的な権利として人権の最も根底にある生存する権利として当然にあるという考え方を取っているのです。そうすると国はその国民の集合体ですから、たとえて言えば一人ひとりが持っている正当防衛の権利を国として束にしたもの、それが自衛権だということになるのです。これは否定することの方がおかしい。だから今の憲法もそこまでは否定していないはずだと解釈しているのです。

ということで日本の領土・領空・領海という領域に武力攻撃が加えられた場合には、それを武力で反撃することができる個別的自衛権を解釈として認めてきたのです。日本は原則として領域の中でしか武力を使わない、領域の外では武力を使わないんだということです。だからよその国が日本から攻撃されることは、その国が日本の領域に攻撃を加えない限りありえない。日本の憲法はそういう予見可能性を与えてきたわけです。それが黙示の法になっているわけです。

そして今、時代の変化によって個別的自衛権だけで本当に国民の生命・財産を守り切れるのかどうかという問いかけがなされようとしているわけです。そこは短兵急に結論を出すことではなくて、やはりよーく考え、議論すべき問題だと思います。

例えば集団的自衛権についての憲法解釈を見直して全面解禁をしたとします。それに伴い何らかの歯止めが必要だとすれば法律によってなされます。それは法律という過半数によって決めることのできる世界に委ねることになるわけですね。当然、憲法よりは可変的なものになります。そうすると領域の外、つまり海外で武力を使うということは、過半数の考え方でどうにでもなるわけです。そういうことが本当にいいのかどうかという視点は、とても大事だと思いますね。

日本の憲法は極めて特異な、諸外国に例のないような文言と運用をしてきました。諸外国では自国を守るのに何も本質的な制約はない。つまり為政者が決めて国会が承認すれば何でも許されるというかなり幅広い考え方が圧倒的に多いです。

だけど日本は第二次世界大戦の経験を踏まえて、今の憲法に基づいて極めて抑制的な対応を取ってきたのです。それは法として定着しています。だからそれを変えるのであれば、本当にそれが必要なのかということが重要です。また今までと違うことをやろうとすれば、やっぱり近隣諸国をはじめ国際社会の反応を考えなくてはいけない。そこに不安や懸念や対抗心を生み出すようなことになるのでは一体何のための安全保障なのかということになる。憲法解釈の見直しに安全保障環境を損なう一面はないだろうか、あるいは損なわずに日本の新しい方針を認める余地が国際社会にあるのだろうかということなど、いろんな面から検討する必要があると思いますね。そして、最終的には国民がそれを選ぶということが大事だと思います。

――山口さんのような法律の専門家から見ると、国の重要な政策を憲法の改正ではなく解釈変更によって変えるという手法は、法治国家としては筋が悪くないですか。

山口　今の憲法解釈も、元はと言えば政府が解釈を積み重ねて作ってきた経過があります。だから今回も政府が解釈を変更してもいいんだという人もいるでしょう。しかしそれはよほど内容に説得力がありかつ国民のコンセンサスを作り上げた上でないと内外共になかなか理解されにくいでしょう。つまり政府が一方的に憲法解釈の変更を宣言しても、それだけでは新しい法として根拠が弱く、正統性が乏しいということになりかねません。

――山口さんのおっしゃる「国民のコンセンサス」というのは、言葉では広く使われていますが、実態のはっきりしないものです。政治家がいかようにでも利用できる面もあり、ある意味では架空のもの、虚構のような面がありませんか。

山口　確かに「国民のコンセンサス」を定量的に、あるいは何か客観的な指標で推し量るということは簡単ではないです。例えば政治家がそのコンセンサスがあるものだと認識をして、国民がそれにあえて異を唱えないという状況が生まれれば、それはコンセンサスが作られたと言ってもいいかもしれませんね。あるいは国民投票のような制度が仮にあれば、そこで投票によってそのコンセンサスを確認するという作業もあるかもしれません。

しかし実際にはそういう制度はありませんから、例えば国政選挙で争点に掲げて、かなり激しい論争が行われて、その過程を見た中で一定の主張が国民の多数に支持されたとなれば、コンセンサスが作られた、お墨付きを得たということになるかもしれません。

――「コンセンサス」というのは「世論」のようなものかもしれません。一部の商業主義的メディアがある種の「世論」を作り、一部の政治家がそれに迎合し、政策が作られていきかねない。そんな状況の中で理性的かつ合理的、論理的に物事を考え判断していく政治家の役割はとても大きいと思いますが、昨今の政治の現実は、一時的なブームや人気などが大きな力を持っていますね。

山口　まあ、そういうこともあると思います。私は政治家がもっと落ち着いて議論することが重要だと考えるし、それを可能にする政治的な基盤が必要だと思います。少なくとも私が初当選した一九九〇年頃は、自分の努力が議席に結び付くという予見可能性があって、それを基にして政治活動や政治的主張を展開することができました。

しかし、今の選挙制度になってからは選挙の見通しが全く立ちませんから、絶えず自分の足元を固める作業に追われるようになりました。こういう問題は最初から指摘されていましたけれども、聞く耳持たれずでした。そして、二大政党制による政権交代可能な選挙制度、国民が政権選択できる素晴らしい制度だと喧伝されました。ところが結果がどうなったかはよくおわかりでしょう。

選挙制度の改正で国民は政権交代そのものには期待感を示したけど、実際に政権交代が起きるとそのあまりのひどさに国民は深い失望感を持ったんですね。その反動が一昨年（二〇一二年）の総選挙や東京都議選、そして二〇一三年の参議院選挙に出ました。だからと言って勝った我々も自民党も、それが勝ち誇るような永続的な支持でも何でもないことはわかっています。それは政権交代失敗への反動であり、失望感の裏返しだったのです。だからこそ国民が本当に期待するところをしっかりと丁寧にやっていかなければ、元に戻ってしまいかねないでしょう。そのとき政治は不信の対象の象徴になってしまいます。

憲法改正問題

――次に憲法についてお伺いします。近代国家において国家権力は憲法によって拘束されるべきであるといういわゆる立憲主義が広く採用されています。ところが近年、一部で立憲主義はもう古いという主張がなされています。民主主義国家では個人主義が蔓延し、人々は権利ばかり主張して、国家や社会に対する責務や義務を認識してないというのです。国家を重視した憲法観で、こういう考えを自民党は憲法改正案で前面に出しています。しかし、人類の長い歴史の中で創り出されてきた立憲主義は、そう簡単に変えるべきものではないように思います。

山口　いや、まさにその立憲主義というか、憲法の歴史そのものが人権の発達の歴史です。国王の権力の制限を定めた英国の「マグナ・カルタ」（一二一五年）にせよ、人間の自由と平等や言論の自由、三権分立などフランス革命の基本原則を記した「人権宣言」(一七八九年)にせよ、いずれも国民の権利、支配者である王侯貴族や絶対的権力者のほしいままにしないという側の人たち、それはほんとの一般国民、あるいは貴族の中の王家と対抗する勢力でもあったかもしれないけど、そういう人たちが一貫して自らの利益を守るために国家の権力を制限しようとしてきた。そういう歴史があるのです。

そういう立憲主義の流れというのは洋の東西を問わず世界中で近代に至るまでとうとうとした流れがあります。そうした歴史が今、「国連憲章」(一九四五年)や「世界人権宣言」(一九四八年)などに集大成されています。今や共産主義国や社会主義国でさえも、謳い文句としては人権を掲げているのです。

——立憲主義の根底には、人間の理性に対する信頼感があります。一方で保守主義は人間の理性には限界があると考え、だから国家や伝統を重視します。

山口 民主主義がよりましで妥当な政治体制だとすれば、権力を行使する側もやっぱり国民であり、あるいは国民が選んだ人々であるべきです。つまり同等者の中の代表です。ごく普通の人が仮に選ばれて権力を預けられて、預けた人のために使うとなれば、それが常に正しいとは限らない。だから権力を持つ者は絶えず選んだ側のチェックにさらされてなければならない。そういう仕組みが担保されなければ、権力は腐敗するのです。

——保守勢力の主張は違いますね。個人の理性や判断に任せて政治をチェックさせた結果、間違った歴史がいっぱいあるし、国が亡びかけた歴史がいっぱいある。だから伝統や国家が重要だというのです。

山口　だけど国民を離れた国家なんていうのはありえないでしょう。国民を離れた国家という抽象的な実体はないでしょう。

――保守の主張は逆で、国家がなければ国民はないだろうというのです。

山口　それじゃあ国家って何ですか。どこにあるんです？

――ということは自民党の憲法改正案にかなり反発を感じていらっしゃるのですね。法律の専門家としても疑問を持っているのですね。

山口　まあ、個性のある憲法案だと思いますね。国民主権とか基本的人権の尊重とか平和主義とかというコアの部分は、一応尊重するという風に書いてあります。だけど国民主権と言うからには、人権を持っているのは国民ということです。

――人権がキーワードで大事なのですね。

山口　そう、人権がキーワードなんですよ。そして人権を守るために、あるいは人権を保障するために最もふさわしい政治の仕組みが国民の選んだ統治の仕組みです。だから議会が必要であり、その中から政府を選ぶ議院内閣制で政府を作り、行政権を預け、そして裁判所は憲法を基にしてチェックをする。こういう仕組みが必要です。人権を最も侵害する行為が戦争だから、これを放棄して、そういう行為に至らない。そのための用意周到な歯止めが憲法第九条二項です。憲法はそういう考えから作られているのです。

憲法で国民主権を一番先に出したり、恒久平和主義を一番先に出したり、いろんな並べ方があるけど、三原則というのはやはり基本的人権の尊重が一番重要なのです。これを貫くための国民主権があり、一方でその破壊的行為を阻止するための平和主義がある。だから憲法の第十一条（基本的人権の享有）と第九十七条（基本的人権の本質）の二ヵ所にわたって基本的人権を「侵すことのできない永久の権利」と同じ文言で基本的人権の重要性を謳っている。これは単なる偶然ではなくて、それだけ基本的人権の尊重ということが憲法の柱だということです。

明治憲法では近代国家の体裁は作ったけれど、やっぱり人権保障は不十分だった。やがて国民の声が弱くなり抹殺されて第二次世界大戦に陥り、結局国民が多大な犠牲を払うような結果となってしまった。さらに日本国民のみならずアジアのいろんな国々にも被害、損害をもたらした。これは客観的な事実でしょう。

――自民党の憲法の案には「固有の文化」「誇りと気概」「よき伝統」というような言葉が出てきます。法律用語としては理解しにくいですね。

山口　法律にはあまりに主観的な言葉や、内容が確定できないものは概念や理念として持ち込むべきではないと思います。そういう主観的な価値観は、むしろ国民に自由に論争してもらい選んでもらうのが、憲法の基本的な考え方なんですね。

ただ、あえて言えば、やっぱり日本の国、この島を中心とした日本の国には、やっぱり独特の伝統や文化があるし、それは人々の生活の美徳に通じる部分もあると思うんですよ。だからそれが抽象的なグローバリズムや近代合理主義によって均一化、平均化して、その価値が抹消されてしまうようなことはもう少し反省があってもいいと思う。また権利は確かに大切だけれども、権利を主張して義務を顧みないとか、社会的責任を顧みないことも反省の機会があってもいいですよね。国民は自らの権利を主張するからには、自分の社会的責任を自覚しながら行使する姿勢が大切です。ただそういうことは法律に馴染まない部分があると思いますね。

——近代民主主義の今日の到達点としての個人主義の横行、あるいは一人ひとりが公的空間を考えない細分化された「個の社会」が問題になっています。要するに一人ひとりが公的空間に何ら連帯意識や責任感を持たない社会が形成された。そういう今日の民主主義に疑問は持っていますか。

山口　疑問というか、やっぱり問題点や課題はたくさんあるでしょうね。例えば公明党は憲法改正問題については加憲を主張し、基本的人権などで環境権とかプライバシー権などを議論してみたらどうかと問題提起しています。しかし、プライバシー権についての考え方でさえ時代と共に変遷があります。

かつてはプライバシーが尊重されない団体主義的で国家主義的な監視社会、強い規制の社会がありました。国家がそういう規制をしなくなっても、村とか共同体とかで規制が強く働いている時代もありました。しかし、高度経済成長期は人々が移動し自由な労働力を生み出して成長を担うため、伝統的な社会、伝統的なコミュニティから人々がどんどん解放される。そういう時代がありました。

その後はだんだん孤独とか核家族化の弊害が意識されるようになった。さらに最近は少子高齢化です。そうすると今、国民が強く意識しているのは、「人間は一人では生きていけない。だから社会で支え合う」ということです。それまでの「私を放っておいて下さい。干渉しないで下さい」というプライバシーの考え方も重要ですけれども、逆に「私を放っておかないで下さい。お互いに知り合って支え合いましょう」ということも重要になってくる。そのためには自分に対する制約も許容しましょうと。そういう風に人々の意識が変わりつつあると思います。

つまり人々の意識の変化を見れば、プライバシーの権利と一口に言っても時代と共に大きく変わりつつあるのです。個人の自由な自立を求める時代もあったけれども、今はむしろそれを少し我慢しながら支え合うことを求める空気の方が強くなっている。だから私はプライバシー権については、単純に基本的人権として憲法に加えろと言うだけでなく、時代の変遷を考えながらどういうあり方が望ましいか、よく議論した方がいいと思っているんです。

——公明党などが提案した「永住外国人に対する地方公共団体の議会の議員及び長の選挙権等の付与に関する法律案」については、自民党や民主党の一部に反対論が強いですね。これもタカ派的な空気が強まっている最近の空気を反映している面があります。

山口　そういう一面もあるような気がしますね。外国人の地方参政権問題のきっかけについては、公明党の衆院議員だった冬柴鐵三さんから聞かされたことがあります。冬柴さんが日韓議員連盟の幹部だったとき自民党議員から、在日の人たちに参政権を一定の範囲で許容することはどうかと話しかけられたというのです。地域の共同体で暮らす在日韓国人などの人たちは日本国民と同じように納税義務を負いながら参政権がないから権利主張は制約されている。自分たちの意見を身近な行政に反映させること、つまり市町村議会などの地方議員を選ぶことができない。地方参政権参加の道を開くべきではないかと言われたのだそうです。

この問題は公明党のオリジナルな主張ではなくて、むしろ自民党幹部に言われて共同作業で進めた経緯があったんですね。当時の地方議会は保守系無所属ないし自民党と公明党を合わせると過半数を取っているところが圧倒的に多かったので、地方議会では外国人の地方参政権を認める意見書がずいぶんたくさん議決されました。かつてはそういうムードがあったんですよ。ところがいつしか、そういう空気が消えてしまった。

——外国人参政権についての否定的な空気だけでなく、最近では在日韓国・朝鮮人らに対する差別的な憎悪の表現であるヘイトスピーチやヘイトクレームが問題になっています。日本は自分たちだけで生きていける時代ではないことが明らかなのに、外国人を排除したり蔑むような動きが増えている。

山口　私は強い懸念を持っています。我々が法律家として教え込まれたのは、基本的人権は日本国民のみに限ったものではなく広く外国人にも認められているということです。特に表現の自由や思想信条の自由はそうです。世界中を見渡しても、外国にルーツを持つ人たちが一つの地域で大勢暮らしている国や地域はたくさんあります。そういう地域で人々がお互いに共存していくためには、やっぱり等しい権利を持つということが必要です。

日本の場合、在日の人たちはいろいろ歴史的ないきさつがあって日本に留まっている人が多い。今の日本をよく知った上で選んで日本に来た人ではないのです。その人たちが日本に生活の基盤を持って納税し隣り合って暮らしているわけです。国籍が違う一点を除けば、なるべく日本国民と等しい状況に置くことが妥当だと思います。

もちろんそれが国政の話になると、これは国と国の利害がぶつかるわけですから参政権は無理だと思います。しかし地方の身近な自分たちの問題については、少なくとも議会の構成員の一人を選ぶというところに参加するという道は、開いてもいいんじゃないかと思いますね。

――日本が国際的に直面している人権問題の一つが従軍慰安婦問題だと思います。

山口　私は基本的に「河野談話」（一九九三年）は尊重すべきだと思っていますし、それは安倍首相もそう言っているわけです。「こういうことは日本だけでなくよその国もやっているじゃないか」という主張は、とうてい世界では説得力を持ちません。戦場に慰安所を設けて、軍と共に移動したという実態はあったわけだから、慰安婦の人たちが強制的に連れてこられたかどうかということよりも、やはりそういう仕組みそのものが決して褒められたことではないのです。国際社会でなかなか正当化できることではないということを見極めて、「河野談話」が作られた経過があったのでしょう。あの談話はこのまま尊重していくべきだと思いますね。

ハト派とタカ派

――山口さんは、自分のことを「ハト派」とか「タカ派」というような分け方で考えることがありますか。

山口　あまりそういう分類で自分を当てはめたことはありませんね。私は防衛政務次官を務めたこともありますから、公明党の中ではあいつほどタカ派はいないと言われているかもしれません。しかし、自民党国防族と比べて私のことをハト派と言う人もいるかもしれません。まあ、あまりそういうレッテルを貼り合うことは好きじゃありません。

――タカ派とかハト派という言葉は、時代と共に意味が変わってきたかもしれません。かつての自民党では党内が比較的はっきりとハト派とタカ派に分かれていて特に対外政策では対立していました。

山口　確かにかつての自民党には二つのグループがありました。防衛庁長官とか文部科学大臣などにはあえてハト派的な人を起用するという傾向もあったかもしれませんね。だけど最近は、従来のようなハト派的な議員が少なくなりました。ハト派的派閥と言われてきたグループでも、昔に比べればかなりタカ派に寄った主張をするような人もいますね。

大事なことは、かつての自民党ではタカ派の代表みたいな人が総理大臣になっても、ハト派と協調しながら、さらに自民党の外側にいる他の政党や国民の意見にも配慮しながら注意深く政権を運営してきた歴史があるということです。だから近年、ハト派と言われるようなグループが弱くなり、一方でタカ派が強くなって一方に偏してしまうと、国全体の安定感が疑われます。そこはもっと国としての包容力とか幅を持ってなきゃいけないですね。

公明党論

——公明党についてお伺いします。公明党は今年（二〇一四年）、結党五十年を迎えます。庶民の政党として福祉政策や平和問題に軸足を置き、長く野党の立場でした。一九九三年に細川連立政権で初めて与党の立場になりましたが再び野党に転落しました。そして一九九九年に自民党と連立を組み、今日に至っています。公明党は五十年間でどう変わったのですか。

山口　日本の政治構造は大きく変わりました。特に一九九三年以後は衆参両院で単独で過半数の議席を取ることのできる政党は存在しなくなった。今のような選挙制度を前提にするとこれからも一党支配体制が確立できる見通しはないでしょう。その結果、一九九三年以後、ずっと連立政権が続いているのです。そうなると国民の期待に沿った安定的な連立政権の運営や政策実現ができるかどうかが最も重要になってきました。一九九三年以降の政権は自公連立政権が一番長い。公明党は安定的に連立政権を運営し国民にとって優先度の高い政策を実現していくという役割がいやが上にも求められる時代になったのです。

連立政権のパートナーには数の安定と質の安定の二つの意味があります。自民党が参議院で単独過半数を取れない以上、公明党と一緒になって数の安定、政権の安定が実現できます。一方、連立政権には質の安定も不可欠です。公明党には長い歴史の中で独自の持ち味があり、自民党にも自民党の持ち味がある。それを共に生かしながら政権運営することで国民の幅広いニーズを受け止めて政策を実現していくことが可能になるのです。

公明党には「大衆とともに」という立党精神があり、これは民主主義の基本精神です。そして、福祉や教育、中小企業、平和という得意分野を持っている。また全国に地方議員も含めて、党籍を持った議員が三〇〇〇人近くもいて、結束の強い草の根の政党であるという特徴がある。この公明党の持ち味を連立の中で生かすことで質の安定が保たれると思います。それは外交の面でも言えることで、例えば公明党と中国は国交正常化以来、信頼関係を維持している。政府間で波風が立っても、政党間、政治家同士の交流は絶やさず継続している。それも連立政権で生かされていいことだ。それが連立政権時代の公明党の役割だと考えている。

――公明党は「中道」であることを掲げてきました。この考えは今も生きているのですね。

山口　今はそう大きな声では言わないかもしれませんが、消えてはないと思います。結党した頃日本の政治は、自民党という右寄りの勢力と社会党という左寄りの勢力があり、イデオロギー対立が強かった。政党が一方の利益を代表し、もう一方の政党は他方の利益を代表するような面があった。そういう二大政党の対立の中で忘れられた谷間のところをしっかり掘り起こして、そういう人たちの声を反映させてきたのが公明党の役割ですね。

――つまり中道というのは観念論やイデオロギーではない、リアリズムに立脚した政治ということになるんですか。

山口　そうだと思います。極端に走らず両極に偏らないで国民の本音、本当のニーズは何なのかということを主観的にも客観的にもちゃんと捉えようというのが公明党の基本です。イデオロギーというのは頭で作り上げた観念的な要素があります。それは国民の現実の生活とはほど遠いし、国民も理解しにくい。国民が願っていること、実現してもらいたいことは何かということが重要なのです。

――公明党は平和や福祉を重視した政党であり、そういう意味ではハト派的な集団ですね。自民党のタカ派的色合いが強くなったため、連立政権の中で公明党はかつての宏池会のような役割を果たしているとも言えます。集団的自衛権問題をはじめとする安保政策や教育政策などで、野党時代の公明党なら「冗談じゃない」と言って卓袱台をひっくり返していたような問題でも、連立政権を構成している以上、自民党とテーブルを挟んで話し合わなければならないですね。

山口　そうやって挑発されることは極めて多いです。しかし、挑発に乗って卓袱台をひっくり返すことが政治だとは思わない。不安定な時期だからこそ連立が求められるわけです。連立の安定のためには優先課題をちゃんとやってほしい。国民はそのために自公連立を選んだのでしょう。それをやらずして国民があまり望まないテーマをやろうとするからといって卓袱台をひっくり返して政権が不安定になってしまえば、国民の期待を裏切ることになる。こちらの方が政治家として愚かじゃないですか。連立与党が力を合わせて国民の求める優先課題に最大限の政治エネルギーを集中させる。これが大事であり、「大衆とともに」ということを実直に実践する限り行き詰まるということはないと思うんです。

――社会保障政策では自民党と考え方に大きな違いはないでしょうが、「平和」の問題、つまり安全保障政策になると公明党の考え方は、中国など周りの国が軍事力を強めているんだから日本は黙って見ているわけにはいかないという感じの自民党とはかなり違うでしょう。

山口　脅威に対抗していたら、日本の現状からして物的人的資源の面で限界がある。やはりバランスが必要でしょう。対抗して軍事力を強めるということよりも、もっと協調的な外交によってそういう事態を回避することが議論されてもいいんじゃないんですか。

公明党は立党当初、「自衛隊は憲法違反の疑いがあるから段階的に解消せよ」と主張していました。しかし、党内で十年近く議論を重ねた結果、憲法上自衛権は否定されておらず、それにふさわしいシステムを保有することが認められている。そして自衛隊の実力はその範囲内に留まっている。だから自衛隊は合憲だということにしています。一歩一歩、議論を進めてこういう結論に達したのです。その上でさらに武力行使以外の自衛隊の能力を生かして国際貢献するために、ＰＫＯ協力法を作ったりしてきたのです。

こうした基礎的議論をきちんとやって、国民のコンセンサスを作ってきたのです。例えばＰＫＯ協力法なんか、議論する前はまるで自衛隊が戦闘地域に割って入って、紛争を力で押さえ込むようなことをするかのような議論が横行していました。私は一年生議員でその最前線にいて前からも後ろからも叩かれましたが、ＰＫＯの実態を見て、信念を持って参加すべきだと主張しました。紆余曲折を経て法律が成立し、自衛隊の参加が実現しました。今やＰＫＯについて憲法違反の疑いがあると批判する人はほとんどいないです。むしろ自衛隊の参加が少ないという声さえあるくらいです。だから国民の皆さんが真っ当なことだ、妥当なことだと認めてくれるような線を見極めること、そして、イデオロギーや先鋭的な主張に引きずられないことが重要です。公明党が筋を曲げたとか自民党に引きずられてきたとかということでは決してないのです。

――歴史認識の問題でも自民党とかなり違っているのではないですか。自民党には戦前の歴史を美化したり礼賛し、謝罪や賠償にネガティブな意見が根強いです。

山口　そういう人がいるかもしれないけど、歴史は自分たちの経験を踏まえて率直に見ないといけない。日本政府はアジアの人々に多大な苦痛と損害を与えたことに対する反省と謝罪をはっきりと何度も言ってきている。これはきちんと継承していかなきゃならないことだと思います。

もう一つ、国連憲章にはいまだに日本についての旧敵国条項が残っています。実質的には意味がないと言いながら修正しない。ということは旧連合国がそういう価値観で国連という仕組みを作っているということです。そういう中で日本人は国際協調的に生きることの大切さということをよくよく自覚すべきだと思う。現在の枠組みに挑戦的な態度を取ったり変更しようという試みは必ず反発を受ける。そんなことをすることが日本国民にとって損か得かということをよく考えながら進めるのが政治の務めです。

——一九九九年から自民党との連立が続いているわけですが、これほど長く続くと一つの政党になってもいいいんではないかという議論は出ないのですか。

山口　あまり出ませんね。それは政党としての基盤が違うからでしょう。

——自民党との違いは何ですか。

山口　あえて言えば、公明党は大衆とともにという一貫した立党精神を持っている。

——自民党も似たようなことを言っていませんか。

山口　いえ、聞いたことありませんね。それからネットワークも違います。自民党には保守系無所属の市町村議員はいっぱいいますが、党籍を持った人はあまりいない。だから一般市や町村の議員は公明党よりも数が少ない。地方の現場で自民党としてかつて公明党がやった総点検運動のようなことをやるという話も聞いたことはありません。そういうことをやろうとしても、なかなかできない体質ですね。だから公明党の持っているネットワーク機能は日本の政治にとってささやかかもしれないけれども大事だと思っている。

それと公明党はクリーンな政治をやっていくという姿勢を基本的に維持している。多額な企業献金を求めるとか、政治資金集めのパーティを繰り返している議員はあまりいません。

——これからも自民党との連立は維持されていくのでしょうか。

山口　政権を運営することは並大抵ではない難しさがある。自民、公明両党にはそれぞれ政策について自己主張があるが、政権運営には協調性も必要です。そして国民が納得する妥協点をどう見付けるかという、幅の広さ、ねばり強さも求められる。

昨今は世論調査政治と言われるほど、世論を重視しています。しかし、世論は極論に引っ張られがちです。多くの国民が一時的にそうした極論に関心を持つけれど、本当に思っていることはそうじゃないかもしれない。例えばメディアが一時的に政治の争点や課題を作り出します。ところがもう少し長い目で見ると違う面がある。一時的な流行りが終わると本当に重要なものが出てくる。そういう少し先も見た、国民の本当のニーズということを摑もうとすることが重要だと考えています。

3　平沼赳夫との対話
「敗戦」とタカ派の論理

平沼赳夫（ひらぬま・たけお）

日本維新の会代表代行
たちあがれ日本元代表

一九三九年、東京都生まれ。一九六二年、慶應義塾大学法学部卒業。一九八〇年、自民党公認で総選挙に初当選（当選一一回）。運輸大臣、通商産業大臣、経済産業大臣などを歴任。小泉内閣時代に郵政民営化法案に反対票を投じたため、二〇〇五年九月の総選挙で自民党公認が得られず無所属で当選したが、自民党への復党は実現しなかった。二〇一〇年、石原慎太郎らと新党「たちあがれ日本」を結成、代表となる。その後「太陽の党」共同代表を経て、二〇一三年より「日本維新の会」代表代行。

保守とは天皇を大切にすること

――平沼さんは代表的な保守政治家でありタカ派の政治家だと言われています。

平沼　私は自分のことはタカ派とは言わないけれども、保守派だとは思っています。

――その保守というのはどういうものだと考えているのですか。

平沼　それは一言で言えば、日本の伝統と文化、歴史というものを尊重することが基本姿勢で、特に日本人の場合には天皇陛下を大切にすることですよ。

――伝統や文化を尊重すると言っても、時代と共に変わっていくものがあります。変わっていくものと変わらないものはどう分けているのですか。

平沼　やるべき改革というのは大胆にやらなければならないとは思うけれども、やっぱり残すべきものも同時にあるわけですから、それは守っていかなきゃいけない。それが日本の培った長い歴史であり、伝統であり、文化です。だから新自由主義者みたいに何でもみんな改革すればいいというのは間違いだと思っているんだよ。小泉内閣のときの郵政民営化はその典型であり、私は最後まで反対したんです。

――平沼さんにとって変えるべきものは何ですか。

平沼　まあ、それは戦後六十有余年にわたって培ってきた変な価値観は変えるべきだと思う。

――それはいわゆる戦後民主主義のことですか。

平沼　そうそう。

――通産大臣時代の平沼さんは、ＷＴＯ（世界貿易機関）のドーハ・ラウンドなどで農産品の関税引き下げやサービス貿易の自由化などに関する通商交渉に携わり高い能力を発揮されたことで知られています。経済のグローバル化の下で日本産業には変えなきゃいけない部分と守らなきゃいけない部分があったと思います。

平沼　私が担当したＷＴＯの交渉では、閣僚会合で米国通商代表のゼーリックさんや欧州委員のラミーさんらが合意文書の一字一句を細かく変えようとしてきた。彼らはＷＴＯのルールに精通しているんだが、木ばっかり見て森を見ないんだ。それで「あんたたちは小手先のことばっかりやっちゃ駄目だよ。ＷＴＯっていうのは、世界の経済、自由貿易を発達させることが目的なんだからもっと本質論から話し合うべきだ」と主張したことがあります。

――世界経済がグローバル化したり産業がどんどん国際化していく中で、守るべきものと変えるべきものをどうするか悩んだんではないですか。

平沼　僕の所属する日本維新の会（二〇一四年五月に共同代表の橋下徹大阪市長と石原慎太郎衆院議員が分裂することで合意した）は「環太平洋戦略的経済連携協定」（ＴＰＰ）を推進すべきと言っているが、僕はＴＰＰには慎重な考え方なんですよ。これは最初はブルネイとシンガポール、ニュージーランドとチリの四ヵ国の間で始まった話です。そこにアメリカが加わり、それで他の国も参加し、日本にも入ってもらいたいと言ってきたわけです。私は開かれた世界を作るのはいいと思いますが、米国という一国の恣意によって、それに従うということはいけないと思っているんですよ。それと関税をなくし貿易障壁を全部取っ払えば未来はバラ色になるという考え方は間違いですよ。日本は主張すべきことは主張して、一国の恣意的な策謀に乗せられてはいけないのです。自由貿易はやってもいいけれど、そこにはおのずとルールを作らなきゃいけない。そういう考え方ですね。

アメリカについて言えば、大切にしなきゃいけない国だと思っている。しかし例えば一九二〇年代から一九三〇年代にアメリカは起こりうる大日本帝国（日本）との戦争に対応するため海軍が「オレンジ計画」という名前の戦争計画を作っている。これは合計十一回も改訂してね、戦略的に日本を大東亜戦争に追い込んだんだ。また一九九〇年の日米構造協議も日本に対する米国の年次改革要望書も、そしてＴＰＰも、すべて戦略的にやられている。だから日本は主張すべきことをきちんと主張しなきゃいけないと考えている。

独立国として平和と安全を自ら担保すべき

――政治の世界で「タカ派」「ハト派」という言葉はよく使われますが、どういう風に規定していますか。

平沼　やっぱりさきほど言ったように、原点は天皇陛下を大切に思うか思わないかの違いだと思う。ハト派は我々ほどには天皇陛下のことを大切に思っていないでしょう。それから、やはり憲法改正だね。憲法の前文の「平和を愛する諸国民の公正と信義に信頼して」というような部分は改めなきゃいけない。それから第九条も変えるべきだ。交戦権すら認めてないわけだし、集団的自衛権の問題もある。内閣法制局は憲法の解釈上、集団的自衛権は持ってはいるけれども行使できないとしている。こういうものは改めていくべきだ。こういうことを言うと「タカ派」になるんでしょうな。

――自民党には結党時に二つの路線がありました。護憲と国際協調、経済政策を重視する「吉田路線」と、それに対して改憲、自主独立を強調した「反吉田路線」です。平沼さんは後者の系譜に属するのですか。

平沼　そうですね。自民党が結党したのが昭和三十年十一月十五日で、半年ほど経って初代総裁に鳩山一郎氏が就任しました。彼は改憲を掲げて最初の総選挙をやったら大敗したんですよ。当時は労働運動が盛んなときだし、言論界や学界などの間にも護憲の風潮が強かった。その次に岸信介氏が登場して、日米安保条約の改定に一生懸命取り組んだ。そのあとが池田勇人氏で、もう「私は改憲のことは一切、言いません」と言って、経済最優先で取り組んだわけですね。吉田茂さんは「軍備というのは日本にとっては良くないから、これはもうアメリカに任せて日本は商業国家になれ」と言っていた。そしてサンフランシスコに行ってサンフランシスコ平和条約を締結した。あのときが憲法を見直す絶好のタイミングだったのだがやらなかった。しかし、孫の麻生太郎氏に聞くと、吉田茂さんは改憲論者だったと言うんだよな（笑）。

だから鳩山さんの考え方は、その後の自由民主党の方針の中で否定されてしまい今日までずるずるとやってきたんです。そして護憲の流れをくむのが宏池会ですから、私なんかはそういう意味ではタカ派でしょうね。

——結果的に一九八〇年代くらいまで日本の高度経済成長が続き、国が豊かになり国民の所得も増えました。また、国際社会の一員として戦争することなく過ごしてきました。つまり自民党政権下で吉田的な考え方が政策の前面に出て、日本は成功したということではないですか。

平沼　だけども歴史は大きく変わって、アメリカはもう世界の警察官ではないと公言し出した。だから私はね、軍備偏重ということではないが、独立国としての安全と平和を自ら担保できるようにしつつ、経済優先でやっていけばもっといい日本ができたと思っていますね。

「タカ派現象」

——最近、日本社会の中で「タカ派」が目立つ現象が続いています。（二〇一四年）二月の東京都知事選では元空幕長の田母神俊雄さんが六十一万票を取りました。

平沼　僕も応援しましたよ。

——それからＮＨＫの新会長や経営委員の方が歴史問題に関してずいぶん勇ましい発言をして内外で問題になっています。また国民の間で中国や韓国に対する強硬論が広がっています。日本の空気は今タカ派的というか、右傾化していると言われますよね。

平沼　若い人なんかはそういう考え方が多いですね。僕のところに全国から毎日メールが来るけれども、若い人にそういう意見が多いな。中国は二十年以上、国防費を伸ばし続けてきたし、尖閣諸島を自国領土だと言い出した。すると韓国も中国の動きに追随して従軍慰安婦問題などを主張し出した。若い人たちが自分たちでこうした問題を研究し出し、中国や韓国の主張に対して日本があまり唯々諾々と対応していてもしょうがない、最低限、主張すべきことは主張していくべきじゃないかという考え方になってきた。百田尚樹氏の『永遠の０』が五百万部も売れているのも、そういうことが背景にあるのだと思いますよ。

都知事選挙のとき、僕は田母神氏と都内のあちこちで街頭演説をしました。新宿駅西口では千五百人以上の人が集まってくれたけど若い人がたくさん足を止めてくれました。それから秋葉原での街頭演説では百田氏と一緒になったけれども、そのとき百田氏はずいぶん過激なことを言っていたなぁ。秋葉原でも若い人たちが熱心に聞いていた。

——若い人たちの言動は、タカ派の思想への共鳴、共感ではなく、将来についての不安の表れではないでしょうか。日本経済が低迷し少子高齢化が進み、自分たちが年を取ったときに本当に年金をもらえるかどうかもわからない。外交もうまくいっていない。不安や自信喪失感の結果、内向きになってどこかにはけ口を求めている。こうした現象はあまり健全な反応じゃないと思います。

平沼　やっぱりある種の保守主義に目覚めつつあるんじゃないかと思っています。というのも、今の若者は受験戦争の中で近現代史を十分に学んでない。ところが『永遠の0』なんかを読むと、今まで学んでいなかった日本人の一面を発見する。そういう形で興味を持って近現代史を学んでくると、学校で教わったものとは違うところがあるんじゃないかと気づく。そして日本人としてもっと自信を持つ必要があるんじゃないかと考えるようになってきたのではないかと思います。

陸軍が思い上がっていた

――さきほど言及された百田さんですが、街頭演説で南京大虐殺はなかったと言っていますね。また、タカ派の方たちは、植民地支配ではいいこともしたとか、アジア諸国が独立できたのは日本のおかげだとして、戦前の日本の行為を正当化しています。

平沼　私はさきほど触れたアメリカの「オレンジ計画」を一生懸命、研究したんです。すると日本が日露戦争に勝ったあと、アメリカは太平洋を挟んで日本を明確なターゲットにしたのです。海軍次官だったセオドア・ルーズベルトが「オレンジ計画」を最初に作った。そして、あらゆるシミュレーションをやって日本との戦争に備えていたんです。

私は日本が戦争したことは確かにまずいことだと思うけれども、やむにやまれぬ背景があったということは、日本人として理解をしてあげなければならないと思っています。

それから南京大虐殺について言えば、当時、南京城内には二十万人しかいなかった。それを三十万人が犠牲になったと中国は主張している。また当時の日本軍の装備にはそんな短時日に三十万人も殺すことのできるような機関銃の弾はなかった。東京裁判の当時は、南京で起きた虐殺の犠牲者は二万八千人ともされていた。それが三十万人に増えていったのは、やっぱり意図的なものがあるのだと思う。戦争をしたことはいけないけれども、しっかりと事実は踏まえていくべきであり、歴史をしっかり検証すべきだと思っています。

――殺された方たちの人数にこだわってもあまり意味がないですよ。三十万人でなければ、二十万人ですか、あるいは十万人か二万人か。しかし数万人の人が亡くなっていることは事実ですよね。

平沼　それはそうですよ。しかし、それを問題にするのであれば東京大空襲だって広島、長崎の原爆だってあったでしょう。ところが日本に対しては「平和に対する罪」だとか「人道に対する罪」だとか言って、勝てば官軍で平気で裁くのはおかしい。

――しかし、残念ながら歴史の冷酷さというものはそういうもので、太平洋戦争だけでなくあらゆる戦争は究極の権力闘争であり、勝った方が正義になり、負けた方が正義を失うわけです。

平沼　それは日本人らしい達観的な考え方であって、だから日本人は何も言わないんだよ。

――しかし、平沼さんは「日本は間違ったことを一切してない。すべて正しかった」とは思っていないでしょう。

平沼　そうは思ってないですよ。しかし、南京大虐殺について言えば日本軍が便衣兵なんかを捕まえて殺したという事実はあったと思う。だけど、それは何万人という単位じゃないですよ。

それから客観的事実として日本は有色人種の最後の砦として頑張った。その結果、アジア諸国がみんな独立できたという事実はあるわけだ。インドは英国に、インドネシアはオランダに長い間植民地支配されていた。それが変わっていったわけですよ。それを日本は喧伝する必要はないけれども、客観的事実は日本人としては知っておかないといけないと僕は思うな。

――「オレンジ計画」が本当なら、アメリカはとても時間をかけて戦略的に日本と戦争になったときのことを考えていたわけですね。一方の日本は当時の指導者たちは国際情勢を冷静に分析し戦略的に対応することがなぜできなかったのでしょうか。結果的には海軍の評価でも負けるとわかっていた戦争に無鉄砲に突っ込んでいったわけです。

平沼　まあ、やっぱり軍が思い上がっていたのだと思いますね。開戦当時、日本は最終的にアメリカから「ハル・ノート」を突き付けられた。当時は鉄も油も何もかも輸入できなくなっていた。だから窮鼠猫を嚙むという状況で戦争をやらざるを得なかった。
連合艦隊司令長官の山本五十六は「二〜三年で講和してほしい」と言っていたんだ。また元首相の平沼騏一郎は日米開戦に反対で、駐日米大使のグルーなんかに働きかけて悪化していた日米関係の修復に動き、何とか戦争を回避しようとしていた。すると動きが軍に漏れて、右翼に狙撃されピストルの弾を五発も撃ち込まれたんだ。

——日本の伝統や文化を継承することは大事だと思いますが、同時に同じ過ちを繰り返さないために必要なことは何ですか。

平沼　それは百二十五代続いてきた天皇の精神というものをもっと尊重しなきゃいけない。この大東亜戦争の開戦のときだって昭和天皇は、明治天皇の御製「四方の海　みなはらからと思ふ世に　など波風の　立ちさわぐらむ」を紐解いて「俺は反対だよ」と言ったわけですよ。そういう天皇の心を尊重すべきなんだ。日本にはやっぱり和の心があるんだからね。

靖国参拝と天皇の気持ち

——A級戦犯が合祀されて以降、総理大臣の靖国神社参拝が政治、外交問題になるようになりました。近年では小泉純一郎首相が在任中に毎年参拝し、二〇一三年十二月には安倍首相が参拝して、その都度大きな話題になりました。昭和天皇の靖国神社参拝は一九七五年が最後でA

級戦犯合祀以降は、昭和天皇はもちろん現在の天皇も行ってないです。元宮内庁長官の富田朝彦さんがつけていたとされるメモには、昭和天皇がA級戦犯の合祀を強く批判していたとされる言葉が残っています。平沼さんは天皇のお気持ちをもっと大事にすべきだとおっしゃいましたが、であるならば、首相は靖国参拝に慎重であるべきではないでしょうか。

平沼　私はその富田メモの信憑性を疑っているわけです。メモとか日記は誤解を招きかねないのです。天皇陛下が本当に言われたことかどうかもわからないような富田メモに信憑性を見出すというのは、私は少し行き過ぎだと思う。

――富田メモを脇に置くとしても、事実として天皇は参拝していません。この事実はとても重いんじゃないですか。

平沼　それは天皇陛下の周りの宮内庁の人たちが「陛下、おやめになって頂きたい」というようなことを言って、それを取り入れられてるんじゃないかなぁ。これも憶測だけれども。

――天皇のお気持ちを大事にするというのであれば、国のトップにあるような方たち、あるいは外国に対して影響力のある方たちは慎重に対応すべきでしょう。

平沼　いや、そういう君側の人たちがいろいろ働きかけているが、陛下のお気持ちはやっぱり英霊に対してお参りをなさりたいと思っていますよ。だから陛下の代理人である勅使を毎年、必ず派遣されているのです。私はこれは純粋に内政問題なんだから、割り切って堂々とおやりになられたらいいんじゃないかと思うな。

――しかし、これから先も天皇が参拝される可能性はなさそうですから、天皇のお気持ちを大切にするという保守の人たちの考えと天皇が考えていることにもしギャップがあるとしたら、保守の論理は破綻しますね。

平沼　うん。だけど今天皇陛下が置かれている状況の中で、戦後の民主主義を体得したような官僚が守っていることを考えれば、また話は別なんですよ。例えば私は閣僚として何度も宮中三殿にお邪魔しましたが、あそこは塀が朽ちていますよ。宮中三殿を囲む塀が朽ちているのです。そんな連中が陛下の周りを囲んで「こうしなさい。ああしなさい」と言うのは僭越なことだと思うね。

――歴史認識というのはそれぞれの国にそれぞれの見方があり、一つにすること自体、意味がないでしょう。だからと言って自分たちの認識を相手に押し付けると外交関係は壊れてしまいかねないです。近隣諸国との安定的な国際関係を維持していかないと、後世の日本国民が苦しむことになります。

平沼　日中、日韓関係については安倍首相と考え方が同じです。安倍首相は「私たちの門戸はいつでも開いていますよ」と呼びかけています。中国や韓国はそれを頑なに拒んでいるのであり、そういう対応はおかしい。日本から喧嘩を仕掛けているわけじゃあないですよ。向こうが喧嘩を仕掛けてきているんだから。中国のハルビン駅に安重根義士記念館を造ったり、米国ロサンゼルス近郊のグレンデール市に従軍慰安婦像を建てたりしてきている。日本はいつでも門戸を開いているんですから、慌てず少し時を待った方がいいと思いますよ。

——時を待つと状況がよくなるのでしょうか。中国や韓国に加えてアメリカも日本の対応に懸念を示してきていますよ。

平沼　米国が表明した"disappointed"っていう言葉はマスコミが拡大解釈しているわけであって、これもアメリカの戦略と見なきゃいけないですよ。

——アメリカは日本との同盟関係だけでなく中国との関係もうまくやらなければならない。そのためには日韓関係が安定していることが必要でしょう。だから韓国との対立が深刻になっている日本を牽制しているのでしょう。そういうときに「門戸を開けています」というだけでは戦略とは言えないんじゃないですか。

平沼　いやいや、大きな意味で戦略ですよ。中国も韓国も経済問題など様々な矛盾を抱えている。だから日本はそういうものをじっくり見ながら、どっしり構えて対応すればいいんです。コソコソやったって駄目ですよ。ますます日本がおかしくなってしまう。中国や韓国が怒ったからといって腹の底から本気で怒っていると思っちゃあいけませんよ。みんなそう受け止めて右往左往しているが、あれも中国や韓国の戦略ですよ。だからどっしりしているべきなんです。

謝罪を繰り返すのはおかしい

——従軍慰安婦問題に関する「河野談話」について、日本では強制性の有無を議論していますが、実際に慰安所があって慰安婦はいたわけですよね。ですから海外から見ると女性たちがそういうことをやらされていたということに対する日本の考え方はどうなのかということが問題になっています。つまり女性の人権問題として捉えられています。ですから日本の側から「どこの国でもやってたことだ」という発言が飛び出すと、「日本人はみんなそう思ってるのか」という誤解を生む恐れがあります。率直にあれはよくなかったと反省を述べればいいんではないですか。

平沼　じゃあアメリカにそういうことはなかったのかって言ったら、あったわけですよ。戦争にはああいうのはつきものですから。だから日本だけが反省するというのではなくて、彼らにも考えさせる機会を与えなきゃいけませんよ。

日本は既に反省を言っていますし、基金まで創って対応しています。だけど何度も「悪うございました。悪うございました」と繰り返して言うのはおかしいと思う。ある意味では、毅然とした対応をとらなければいけないんじゃないかな。

——英国やフランスも世界各地に植民地を作って支配してきました。ところが英国は旧植民地国と英連邦を作って良好な関係を維持しています。日本とは状況がかなり異なっています。

平沼　それは日本が戦後のショックでずっと謝ってきたからですよ。我々の社会だってそうじゃないですか。非常にものわかりが良くて何かあるとすぐに「すいません。すいません」と謝っている人はバカにされる。だから毅然としなきゃいけないのです。

——お話を伺っていると、本当の保守勢力は論理的には「反米」になるはずだという気がします。沖縄の地上戦、東京大空襲、広島と長崎の原爆と挙げると、アメリカに恨みを持つはずです。しかし、ここは日本人が戦略的なのかもしれませんが、戦後は一貫してアメリカを利用して自国の平和を維持してきた。

平沼　戦後七十年近くは米軍に基地を提供して日米安保体制でやってきた。現実問題としてアメリカとの同盟関係を維持しなければ、日本の安全保障を確立できない。そういう考え方なんですよ。「オレンジ計画」だとか日米構造協議、TPPだとかいろいろありますよ。しかし、現実社会の中ではそれを乗り越えて妥協していかなきゃいけないんじゃないかなと思います。だから口を開けば「アメリカとの関係を大切にしましょうよ」と言わざるを得ないんだよね。

——平沼さんの本音は違うわけですか。

平沼　うん。やはり日本はもっと自国の安全と平和を自国で担保できるような体制にすべきだと思う。しかし、それはなかなか言えないですね。

——それはアメリカが大国であり力を持っているからですか。

平沼　今はそうですね。

――国際情勢は刻々と変化していきます。このままですと米国の力が相対的に弱まり、中国がさらに台頭してきます。そうなると日本は中国に対しても本音を抑えて現実的な対応をしなきゃいけなくなる可能性がありますね。

平沼　だからその前段で日本は最低限、自国の安全と平和を自らの力で担保できるようにすべきだと思っているわけですよ。

――平沼さんは保守派でタカ派の政治家と言われていますが、現実主義的な面があるのですね。

平沼　もちろんそうですよ、政治をやっているんですから。僕はアイデアリストではないですよ。政治はそれではやっていけないでしょう。

対話を終えて

自民党の石破茂幹事長、公明党の山口那津男代表、日本維新の会の平沼赳夫代表代行という、国家観も思想や路線も異なる三党の幹部のインタビューは予想通り、刺激に溢れるものだった。

防衛大臣を務め安保政策に精通していることで知られる石破氏には「タカ派」的イメージが付きまとう。しかし、考え方や思想が「タカ派」に一歩距離を置いていることは党内ではよく知られている。それはこのインタビューでもはっきりと示された。

戦前の旧日本軍の植民地支配や侵略行為を正当化したり美化する考え方に対しては、きっぱりと「そういう見方だけなら、さぞ心晴れやかであるだろう」と切って捨て、東京裁判を否定する主張に対しても「戦後日本の体制の否定でもある」と批判的だった。従軍慰安婦問題については「『狭義の強制連行なんかなかった』と言っても、少なくとも現代の国際常識からは乖離していると思われてしまう」と冷静な判断をしている。

自らを国益に軸足を置くリアリストと規定する石破氏の考え方と安倍内閣の打ち出す政策が必ずしも軌を一にしているとは思えない。しかし、幹事長の職務をマネジメントに徹することであると考えている石破氏は、党全体の方向性を自らの考えに引き寄せようとはしていないようだった。それが自民党の「タカ派」色をさらに強める原因にもなっている。

弁護士出身の山口氏は法律家らしく自民党が推進している集団的自衛権を禁じている憲法解釈の見直しや、自民党の憲法改正案について、時間をかけて理路整然と問題点や疑問点を語った。自民党内では憲法が権力を規定するという近代立憲主義の基本的な概念を否定的に捉え、国家をより前面に出す考えが広まっている。山口氏は「憲法の歴史そのものが人権の発達の歴史である」「権力を持つ者は絶えず選んだ側のチェックにさらされてなければならない」と批判した。それは国民の立場に立ち基本的人権の尊重を最も重視するリベラルな考え方の基本でもある。集団的自衛権の問題については「政府が一方的に憲法解釈の変更を宣言しても、それだけでは新しい法として根拠が弱く、正統性が乏しいということになりかねません」と法律家としての視点から否定的な見解を示した。インタビューの時点では、自民党との与党内調整の落ち着き先は不明だったが、山口氏の強い意志は伝わった。

さらに外交について山口氏は、国会議員全体の外交についての関心、知識、経験が落ちてきているだけでなく、多くの議員が小選挙区での当選を最優先し、票にならない外交に力を入れるよりも有権者の支持を得やすい威勢のいいナショナリスティックな言動を好むようになってきていると指摘した。そして日中関係などで「政治家同士の信頼関係つまりパイプを作り出す努力」「重層的多層的に関係を重ね広げていく」ことを強調する。国際協調派ならではの主張だ。

タカ派的国会議員の代表格である平沼氏の話は、予想通り他の方たちとはかなり異なった国家観や歴史観に溢れていた。印象的なのは、保守の定義や政治のあるべき姿について、平沼氏が繰り返し「天皇」という言葉を口にし、「天皇陛下を大切にすること」「天皇陛下の心を尊重すべき」と語ったことだ。天皇が現実の政治や外交について自らの見解を明らかにすることはないだけに、平沼氏の発言の意味するところはわかりにくい。

靖国神社参拝問題への対応、太平洋戦争に突っ込んでいった政府の対応について「やむにやまれぬ背景があったことは、日本人として理解してあげなければならない」という見解、TPPに関連して米国一国の恣意に従うべきではないという米国との距離感などは、タカ派に共通する基本的な見解だろう。「タカ派」の人たちの意識の中では、敗戦という歴史的事実が越えることのできない高い壁として今も立ちはだかっているように見える。

あとがき

大阪市の橋下徹市長が二〇一三年五月、従軍慰安婦問題について「当時は日本だけじゃなくいろんな軍で慰安婦制度を活用していた。あれだけ銃弾が雨嵐のごとく飛び交う中で命をかけて走っていくときに、そんな猛者集団というか、精神的にも高ぶっている集団は、どこかで休息をさせてあげようと思ったら慰安婦制度は必要なのはこれは誰だってわかる」などと、その必要性を認めるような発言をした。

その直後、ある大学の講義で二百人ほどの学生に、橋下氏の発言を支持するか聞いてみたところ、半数以上の学生が「理解できる」「支持する」と答えた。その中には多くの女子学生も含まれていた。

これは私にとってかなり衝撃的なことだった。学生の多くは従軍慰安婦に関し詳細な事実関係やこれまでの経緯、日韓間でどういう議論がなされているかなどについておそらくは十分な知識や情報を持っていなかったと思われる。金銭目的で慰安婦になった日本人女性もいたが、その背後に厳しい生活があることなどをどこまで理解していたかはわからない。

少なからぬ学生は、「お金が欲しくて慰安婦になることは、その人の判断であり、特に問題だとは思わない」という感覚で捉えていた。当時の女性が自分の判断で自由に行動できる環境にあったと思っているのか、あるいは自分たちの身近な空間に様々な風俗ビジネスが氾濫しており、慰安婦もそれと同じようなものだと捉えていたのかもしれない。その延長線上に、中国や韓国から繰り返される日本批判に対して「いい加減にしてほしい」という気持ちが生まれてくるのである。

学生の反応をして、日本の若者の右傾化と捉えることは間違っているだろう。右傾化、左傾化以前の、歴史を知らない、学んでいないという次元の問題なのである。

近年、日本国内で起きている「タカ派」現象は、反日の姿勢を強める中国や韓国に対する激しい反発の広がりだけではない。日本の歴史や伝統、文化を誇りに思い、他国に対する優越性を強調する風潮が教育や社会の様々な分野に広がっている。グローバル化する時代に自らの過去にしか目を向けない、世界の流れとは逆方向の動きが、明らかに強まっている。細谷雄一氏が指摘するように「日本人はどうも個人レベルでも国家レベルでも、自らの欠点を愛するということに慣れてない」のかもしれない。

さらに集団的自衛権を禁じる憲法の解釈の見直し問題では、中国や北朝鮮の脅威が高まっているから当然であるという理屈が大手を振り、外交的努力の重要性が放置されている。国民の反中ムードの高まりを利用して、政府は安保政策のカジを大きく切った。

こうした空気に危機感を覚え、講談社の編集者に持ちかけたのがこのインタビューシリーズの始まりだった。一部は講談社の季刊誌『G2』に掲載した。その間も日中、日韓関係は一向に改善する様子はなかったが、一時のような激しい非難合戦は収まり、二〇一四年春には小康状態を迎えた感がある。

中国は明らかに経済成長が鈍化するなど国内の様々な矛盾が深刻化している。さらにウイグル族によるテロ行為が頻発し政権中枢が対応に追われている。一方、韓国政府は多数の修学旅行生を乗せた大型旅客船沈没事故で国民の批判を一斉に浴び、大統領の支持率が急落している。両国の政権中枢が内政問題に追われていることが小康状態の背景にあるのかもしれない。だからと言って問題が改善の方向に向かっているわけではなく、嵐の前の静けさかもしれない。

二〇一五年という歴史的に大きな節目の年を前に、日本国民はどこまで自分たちの歴史を冷静に認識できているだろうか。時の為政者が内政上の問題に対する国民の不満のエネルギーを外に向けて権力維持を図るのはよくあることである。二〇一五年がそんな年にならないことを祈る。

そして中長期的に、日本と中韓両国が真の意味での「和解」に向けて少しずつ前進するために、三ヵ国の政府と国民が「寛容の精神」を身に着ける、そんな道筋を描くための現実主義的な外交の再開を期待したい。

本書にご登場頂いた九人の政治家や有識者の皆さんには、お忙しいにもかかわらず快くインタビューにご協力頂きました。改めてお礼を申し上げます。また本書は講談社の井上威朗さんと石井克尚さんのお二人の編集者に、インタビューに同席頂き、適切なアドバイスを頂きながら作り上げていきました。心から感謝申し上げます。

薬師寺克行

二〇一四年七月五日

薬師寺克行（やくしじ・かつゆき）

東洋大学社会学部教授。1955年生まれ。東京大学文学部卒業後、朝日新聞社入社。朝日新聞論説委員、月刊誌「論座」編集長、政治部長などを務め、現職。著書に『証言 民主党政権』（講談社）、『外務省』（岩波新書）。編著に『村山富市回顧録』（岩波書店）、「90年代の証言」シリーズの『岡本行夫』『菅直人』『宮澤喜一』『小沢一郎』（以上、朝日新聞出版）など。

激論《げきろん》！ナショナリズムと外交《がいこう》 ハト派《は》はどこへ行《い》ったか

2014年7月28日　第1刷発行

著者　薬師寺《やくしじ》克行《かつゆき》

発行者　鈴木　哲

発行所　株式会社講談社

東京都文京区音羽2-12-21　郵便番号112-8001

電話　03-5395-3522（出版部）　03-5395-3622（販売部）

03-5395-3615（業務部）

印刷所　大日本印刷株式会社

製本所　大口製本印刷株式会社

ISBN978-4-06-219098-5

N.D.C.916 270p 20cm